村民的民法典

插图版

本书编写组 / 编

法律出版社 LAW PRESS · CHINA

编写说明

民法典是新中国成立以来第一部以“法典”命名的法律，是新时代我国社会主义法治建设的重大成果，在中国特色社会主义法律体系中具有重要地位，是一部固根本、稳预期、利长远的基础性法律。

中央宣传部、中央组织部、中央政法委、中央网信办、全国人大常委会办公厅、教育部、司法部、全国普法办等部门联合印发通知，部署开展民法典学习宣传工作。通知要求，要在全社会大力营造尊法、学法、守法、用法的浓厚氛围，推动民法典进机关、进乡村、进社区、进学校、进企业、进单位，推动民法典融入人民群众的日常生活。

为了给全社会学习民法典提供好读、实用的普法读物，我们组织编写了“走进民法典”丛书。根据通知要求和读者对象阅读需求的不同，我们开展分众化图书策划，有针对性地编写了《居民的民法典（插图版）》《村民的民法典（插图版）》《青少年的民法典（插图版）》《领导干部的民法典（插图版）》《企业的民法典（插图版）》五本图书。

本丛书针对民法典的新规定、新概念、新精神，包括“绿色民法典”“离婚冷静期”“头顶的安全”“自甘风险的行为”“夫妻共同债务的认定”“物业管理新规”等，进行了重点关注和介绍。

本丛书采用以案说法的形式，案例源于真实生活，既利于读者学习理解，又便于学以致用，解决生活中的法律问题。

本丛书在形式上注意趣味性和知识性的结合。每一个案例都以故事的形式展现，配以场景化的生动插图，避免读者因为法律语言过于生涩而对学习民法典产生畏惧。

本丛书在资料的选取上，力求覆盖特定群体应知应会的关键问题，既包括最新的热点规定，也包括民事法律传统的重要规定；既有细致的法律规定，也有核心的法律原则要义，有助于读者全面学习掌握民法典核心内容。

希望本丛书的出版能够引起更多读者学习民法典的兴趣，培养遇事找法的习惯，让民法典走到群众身边、走进群众心里。由于编者能力所限，难免存在疏漏和不尽如人意的地方，敬请读者批评指正。

编者

2020年9月

目　录 Contents

第一编　总则

第二编 物权

第三编 合同

第四编　人格权

第五编　婚姻家庭

第六编　继承

第七编　侵权责任

第一编　总则

总则编规定民事活动必须遵循的基本原则和一般性规则，统领民法典各分编。

总则编与民法总则的结构和内容基本一致，只有个别条款作了文字修改。

民法通则是民事法律活动的一般规则，总则编的很多规定替代了民法通则的内容。

总则编共 10 章、204 条。

01 什么是民法典？

2020 年 5 月 28 日，民法典正式通过，并于 2021 年 1 月 1 日正式实施。大家都在讨论的民法典究竟是个什么法律？

民法典规定，为了保护民事主体的合法权益，调整民事关系，维护社会和经济秩序，适应中国特色社会主义发展要求，弘扬社会主义核心价值观，根据宪法，制定本法。民法典被称为“社会生活的百科全书”，我们村民们遇到的民事法律问题，可以从中找到答案。

民法典第1条

02 有一些民事法律行为违背了社会道德，这种行为是否也违法呢？

高龄一直没有恋爱的经验，最近总被催婚，她感到很困惑，于是报名参加了一个“魅力提升学堂”，希望能够提升自己。但是，学堂教授的内容是“如何勾引男人”“如何暗示男方发生性关系”等，高龄觉得这些内容过于色情、露骨，不是自己想要的，想要退课。高龄的要求合理吗？

民法典规定，民事主体从事民事活动，不得违反法律，不得违背公序良俗。违背公序良俗的民事法律行为无效。“魅力提升学堂”的课程涉及色情、露骨的内容，违背了人们朴素的道德，不符合民法典的规定，高龄可以主张她与学堂签订的培训合同无效，要求对方退款。

民法典第8条、第153条

03 有的人为了经济发展，牺牲了生态环境，这种行为违法吗？

神灵山风景如画，一个开发商看上了这里，准备开发度假村，但是开发过程简单粗暴，破坏了大片森林。神灵山附近的村民看了很心疼，他们找到开发商理论，开发商说他们有正规的批文，所以怎么开发都是他们的权利。开发商的说法正确吗？

民法典规定，民事主体从事民事活动，应当有利于节约资源、保护生态环境。虽然开发商取得了合法的开发手续，有权进行开发，但是，在开发过程中，应当坚持有利于节约资源、保护生态环境的"绿色原则"，实现可持续发展。

民法典第9条

04 自然人的民事权利能力从什么时候开始呢？

有一种说法是，民法典保护了公民从摇篮到坟墓的所有权利，这句话是什么意思？

民法典规定，自然人从出生时起到死亡时止，具有民事权利能力，依法享有民事权利，承担民事义务。也就是说，一个人的民事权利和民事义务伴随其生命的始终，并不因年幼或年老、聪明或愚笨、富贵或贫贱等而有任何不同。

民法典第13条

05 “遗腹子”能获得去世父亲的财产吗？

英年的妻子怀孕了，英年得知这个消息很开心，但因为开车太快出了车祸，不幸去世。对于英年的遗产，妻子肚子里的胎儿能够继承吗？

民法典规定，涉及遗产继承、接受赠与等胎儿利益保护的，胎儿视为具有民事权利能力。但是，胎儿娩出时为死体的，其民事权利能力自始不存在。虽然通常情况下公民的民事权利从出生开始，但是，为了保护胎儿的利益，在涉及遗产继承和接受赠与的情况下，胎儿视为具有民事权利能力。所以，胎儿可以继承英年的遗产，这也是对胎儿的特殊权利保护。

民法典第16条

06 法律上规定的成年年龄是多少岁？

韦达的老家有一个风俗，当一个孩子 12 岁的时候要办一个盛大的“圆锁”仪式，代表孩子已经成为一个“大人”。那么，12 岁是一个孩子成年的年龄吗？

民法典规定，18 周岁以上的自然人为成年人。不满 18 周岁的自然人为未成年人。所以，法律上判断一个人是否成年的年龄是 18 周岁，而不是 12 周岁。而且，这里的年龄是“周岁”，而不是民间习惯说的“虚岁”。

民法典第17条

07 8~18 周岁的限制民事行为能力人，可以实施民事法律行为吗？

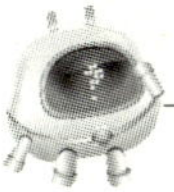

阿郎今年 14 岁，马上面临中考，他的压力很大。这一天，阿郎来到县城的新华书店，想买一本书。阿郎自己一个人有权利买书吗，还是必须要有爸爸妈妈的陪同？

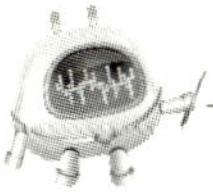

民法典规定，8 周岁以上的未成年人为限制民事行为能力人，实施民事法律行为由其法定代理人代理或者经其法定代理人同意、追认；但是，可以独立实施纯获利益的民事法律行为或者与其年龄、智力相适应的民事法律行为。阿郎已经 14 岁了，是限制民事行为能力人，可以实施与其年龄、智力相适应的民事法律行为，买书这一行为相对简单，阿郎可以独立实施。

民法典第19条

08 3 岁的儿童参加演出，可以与演出公司签订合同吗？

仲永今年 3 岁了，聪明伶俐，能背诵三字经、千字文，还会 100 以内的加减法。仲永的妈妈觉得自己的儿子是个神童，到处带他参加演出。仲永能够与演出公司签订演出合同吗？

民法典规定，不满 8 周岁的未成年人为无民事行为能力人，由其法定代理人代理实施民事法律行为。虽然仲永很聪明，但是他未满 8 周岁，还是无民事行为能力人，他出去参加演出，只能由他的法定代理人，比如他妈妈，代理他签订合同。

民法典第20条

09 未成年子女的监护人是谁？

一般情况下，未成年子女的监护人是谁？如果未成年子女的监护人死亡或者没有监护能力，谁来担任未成年子女的监护人呢？

民法典规定，父母是未成年子女的监护人。未成年人的父母已经死亡或者没有监护能力的，由下列有监护能力的人按顺序担任监护人：（1）祖父母、外祖父母；（2）兄、姐；（3）其他愿意担任监护人的个人或者组织，但是须经未成年人住所地的居民委员会、村民委员会或者民政部门同意。

民法典第27条

10 突发紧急情况，监护人暂时无法履行监护职责时，被监护人由谁照料？

疫情期间，囡囡的爸爸妈妈都感染了新冠肺炎，被隔离治疗，囡囡一个人在家里，没有人照料，这种情况下，民法典有没有什么特别的制度，可以帮助这一家渡过难关？

民法典规定，因发生突发事件等紧急情况，监护人暂时无法履行监护职责，被监护人的生活处于无人照料状态的，被监护人住所地的居民委员会、村民委员会或者民政部门应当为被监护人安排必要的临时生活照料措施。囡囡无人照料，其住所地的村民委员会或者民政部门应该安排必要的临时生活照料措施。

民法典第34条第4款

11 农村集体经济组织可以对外签订合同吗？

野鸭湖村依山傍水，有很好的养鸭传统，办起了大型的养鸭场，是远近闻名的养鸭村。近期，野鸭湖村要与城里大超市签订一个长期的供货合同。野鸭湖村村集体能对外签订合同吗？

民法典规定，农村集体经济组织依法取得法人资格。法律、行政法规对农村集体经济组织有规定的，依照其规定。野鸭湖村村集体作为农村集体经济组织，依法取得法人资格，是合法的民事主体，能够对外签订合同。

民法典第99条

12 合作社可以对外签订合同吗？

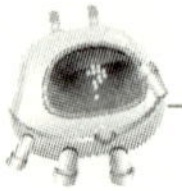

神泉山风景秀美，突然来了一位大学生“村官”，带领村民们搞乡村旅游，成立了农民专业合作社，全村人都加入了。城里的大旅行社希望能跟他们签订长期合同，合作社有权对外签订合同吗？

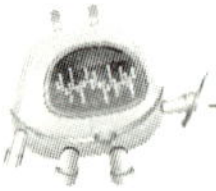

民法典规定，城镇农村的合作经济组织依法取得法人资格。法律、行政法规对城镇农村的合作经济组织有规定的，依照其规定。大学生“村官”带领村民们成立农民专业合作社，搞乡村旅游资源开发，符合法律的规定；合作社依法取得法人资格的，是独立的民事主体，可以对外签订合同。

民法典第100条

13 限制民事行为能力人超出其能力范围实施的行为效力如何？

何未年今年 10 岁，迷上了一个网络主播，有一次给主播打赏了 1 万元。爸爸妈妈收到付款提醒才发现这件事，他们能要求主播退还这 1 万元吗？

民法典规定，限制民事行为能力人实施的纯获利益的民事法律行为或者与其年龄、智力、精神健康状况相适应的民事法律行为有效；实施的其他民事法律行为经法定代理人同意或者追认后有效。相对人可以催告法定代理人自收到通知之日起 30 日内予以追认。法定代理人未作表示的，视为拒绝追认。民事法律行为被追认前，善意相对人有撤销的权利。撤销应当以通知的方式作出。何未年是限制行为能力人，支付 1 万元超出了他的年龄和智力水平。父母作为法定代理人可以拒绝追认打赏的行为，使打赏无效，从而要求主播退款。

民法典第145条

14 基于重大误解实施的民事法律行为，行为人如何保护自己的权利？

姚谦和卞仁签订买卖协议，以 9000 元的价格购买卞仁的一头奶牛。姚谦把牛牵回去之后，发现这头牛无法产奶。姚谦很气愤，找到卞仁，要求退货退款。卞仁却说，不产奶的牛也是奶牛，他没有违约。姚谦能要求退款退货吗？

民法典规定，基于重大误解实施的民事法律行为，行为人有权请求人民法院或者仲裁机构予以撤销。根据市场价格，9000 元能够买到一头月产奶 20 公斤以上的优质奶牛。姚谦支付了 9000 元，应当是希望能买到这样的优质奶牛。但是，卞仁提供的奶牛无法产奶，姚谦的购买日的无法实现，属于重大误解，有权要求撤销合同，退款退货。

民法典第147条

15 在受欺诈的情况下实施的民事法律行为，可以主张无效吗？

刘姥姥到楼下的大观园锻炼身体，看到了卖保健产品的焦达，焦达说，他的药包治百病，刘姥姥的风湿病一个月就能治好。刘姥姥花 3 万元购买了一个月的药，根本没有用。后来被证明，这些药只是维生素 C 片。刘姥姥能够要求退款吗？

民法典规定，一方以欺诈手段，使对方在违背真实意思的情况下实施的民事法律行为，受欺诈方有权请求人民法院或者仲裁机构予以撤销。刘姥姥以 3 万元的高价购买药品，是希望购买到治疗风湿病的特效药，而焦达却用维生素 C 片欺骗她，使刘姥姥违背自己真实意思购买了维生素 C 片。刘姥姥可以请求人民法院撤销购买合同，使焦达退款。

民法典第148条

16 因受人胁迫被迫实施的民事法律行为效力如何？

老乔种新品种水果失败，赔了不少，身背很多债务。他想到自己的老友老钱一年前交通肇事逃逸，未接受法律的制裁，故找到老钱，以揭发其肇事逃逸为要挟，让老钱借给他一笔钱。老钱因害怕老乔的揭发不得已给了他钱。老钱将钱借给老乔的行为效力如何？

民法典规定，一方或者第三人以胁迫手段，使对方在违背真实意思的情况下实施的民事法律行为，受胁迫方有权请求人民法院或者仲裁机构予以撤销。故老钱作为受胁迫方有权请求人民法院或者仲裁机构予以撤销。

民法典第150条

17 采取正当防卫，给他人造成损害的，要承担责任吗？

张升想要抢劫柔弱女生崔莺莺，这一天，他持刀从背后威胁“崔莺莺”。谁知道被抢劫的不是崔莺莺，而是她的姐姐——武术冠军崔鹰鹰。崔鹰鹰一拳把张升打伤，张升倒地不起。崔鹰鹰要对张升受伤承担责任吗？

民法典规定，因正当防卫造成损害的，不承担民事责任。正当防卫超过必要的限度，造成不应有的损害的，正当防卫人应当承担适当的民事责任。崔鹰鹰遇到持刀抢劫，生命财产安全受到侵犯，采取自卫手段，属于正当防卫。崔鹰鹰只打了张升一拳，不属于超过必要限度，不需要承担民事责任。

民法典第181条

18 见义勇为受伤的，可以要求侵权人承担责任吗？

英勇在街上走路，听到有人喊“抓小偷”，于是赶紧上前帮忙追赶，因为太着急，摔了一跤，脚踝受伤，花费了不少医药费，并误工半个月。英勇受到的损失应该找谁补偿呢？

民法典规定，因保护他人民事权益使自己受到损害的，由侵权人承担民事责任，受益人可以给予适当补偿。没有侵权人、侵权人逃逸或者无力承担民事责任，受害人请求补偿的，受益人应当给予适当补偿。英勇为了保护他人的财产，使自己受到损害，应当首先由侵权人就是小偷承担责任，受益人就是失主适当补偿。

民法典第183条

19 什么是诉讼时效？

薄晴借给隔壁老王 3 万元，说好 2018 年 2 月 1 日归还，但是一直没还，2022 年新年，薄晴的妻子突然想到了这笔借款，让薄晴催要。薄晴让妻子放心，如果老王不还钱，他就去法院起诉，他能胜诉吗？

民法典规定，向人民法院请求保护民事权利的诉讼时效期间为 3 年。法律另有规定的，依照其规定。诉讼时效期间自权利人知道或者应当知道权利受到损害以及义务人之日起计算。法律另有规定的，依照其规定。但是，自权利受到损害之日起超过 20 年的，人民法院不予保护，有特殊情况的，人民法院可以根据权利人的申请决定延长。薄晴借钱给老王，借款于 2018 年 2 月 1 日到期，对此薄晴是知道的，但是，超过 3 年他都没有主张权利，已经超过诉讼时效，如果老王主张超过诉讼时效，法院不会判决老王还钱了。

民法典第188条

20 小朋友被性侵，因为年幼不知道维权，这种情况还会受到诉讼时效影响吗？

琪琪是个胆小的女孩子，她 10 岁的时候被邻居秦权性侵害。秦权威胁琪琪，不准把这件事告诉爸爸妈妈，琪琪一直隐瞒这件事。后来，琪琪成年了，也变得勇敢了，她决定勇敢面对，维护自己的权利。8 年过去了，琪琪还能通过法院主张自己的权利吗？

民法典规定，未成年人遭受性侵害的损害赔偿请求权的诉讼时效期间，自受害人年满 18 周岁之日起计算。因此，琪琪在刚成年的时候主张损害赔偿，并没有超过诉讼时效。

民法典第191条

第二编　物权

物权法律制度调整因物的归属和利用产生的民事关系。
物权是民事主体依法享有的重要财产权，关系到老百姓的切身利益。
民法典物权编在物权法的基础上完善而成。担保法的部分内容也体现在物权编中。
物权编共 5 个分编、20 章、258 条。

21 村集体的土地被征收后，村民的权利如何保证？

东升村集体所有的土地被征收建设高铁，并依法获得了土地补偿费等费用，村民熊佳和熊毅有点着急，害怕以后生活没有保障，他们的担心应该怎么解决呢？

民法典规定，征收集体所有的土地，应当依法及时足额支付土地补偿费、安置补助费以及农村村民住宅、其他地上附着物和青苗等的补偿费用，并安排被征地农民的社会保障费用，保障被征地农民的生活，维护被征地农民的合法权益。征收组织、个人的房屋以及其他不动产，应当依法给予征收补偿，维护被征收人的合法权益；征收个人住宅的，还应当保障被征收人的居住条件。任何组织或者个人不得贪污、挪用、私分、截留、拖欠征收补偿费等费用。虽然村里的土地被征收，但是根据民法典的规定，会对村民进行及时足额补偿，熊佳和熊毅无须担心。

民法典第243条第2款、第3款、第4款

22 国家对耕地实行特殊保护制度，体现在哪些方面？

东湖村风景秀美，又紧邻高速公路，李老板觉得在这里开采摘园有利可图，于是租用了该村老刘头的 3 亩耕地。之后，李老板觉得开农家乐更赚钱，就在这块土地上盖起了三层楼的农家饭庄。李老板的行为合法吗？

民法典规定，国家对耕地实行特殊保护，严格限制农用地转为建设用地，控制建设用地总量。不得违反法律规定的权限和程序征收集体所有的土地。李老板没有取得国家的许可，也没有经过法定的程序，就在老刘头的耕地上盖农家乐，将耕地用于饭庄经营，违反了民法典的规定。

民法典第244条

23 村里获得的补偿费应该由谁决定如何分配？

罗家屯村旁边要建高速公路，村里的土地被大量征收，影响到了被征地居民的生活，村里得到了一笔补偿费用，这笔费用应该由谁决定如何分配？

民法典规定，农民集体所有的不动产和动产，属于本集体成员集体所有。下列事项应当依照法定程序经本集体成员决定：(1)土地承包方案以及将土地发包给本集体以外的组织或者个人承包；(2)个别土地承包经营权人之间承包地的调整；(3)土地补偿费等费用的使用、分配办法；(4)集体出资的企业的所有权变动等事项；(5)法律规定的其他事项。因为征收集体土地，直接影响到罗家屯村农民的生产生活，相应的土地补偿费、安置补助费以及村民住宅、其他地上附着物和青苗等的补偿费用，应当经本集体成员共同决定。

民法典第261条

24 村民委员会应当向本集体成员公布集体财产的状况吗？

庞家庄小学年久失修，村委会使用了一部分集体财产修缮小学。有的村民说，村委会一定从中拿了好处，要求公开费用明细。村委会主任说，我做的正行的端，为什么要公开？那么，村民们有权要求公开吗？

民法典规定，农村集体经济组织或者村民委员会、村民小组应当依照法律、行政法规以及章程、村规民约向本集体成员公布集体财产状况。集体成员有权查阅、复制相关资料。村委会使用集体财产，虽然是为了村民的共同利益，但是也应当依照法律、行政法规以及章程、村规民约向本村村民主动公布财产使用情况。村委会不公布的，村民可以要求公开，并有权查阅、复制这些资料。

民法典第264条

25 村民委员会成员私分村集体财产的，村民们应该如何维护自己的权益？

黑风岭村有一块荒地被征收，获得了一笔补偿费。由于这块荒地平时没有人承包耕种，村委会几个干部私下商量，将这笔费用作为几个人的“奖金”分配。他们有权这样做吗，村民应该如何维护自己的权利？

民法典规定，集体所有的财产受法律保护，禁止任何组织或者个人侵占、哄抢、私分、破坏。农村集体经济组织、村民委员会或者其负责人作出的决定侵害集体成员合法权益的，受侵害的集体成员可以请求人民法院予以撤销。黑风岭被征收的荒地是集体所有的财产，村委会干部无权私分。他们的私分行为侵害了村民们的合法权益，村民们可以到法院起诉，请求予以撤销。

民法典第265条

26 邻居的果树遮挡了采光，该如何维护自己的权利？

肖鑫炎的邻居种了一颗很高大的枣树，枣树的树枝茂盛，遮挡到了他家的阳光，还引来了很多小虫子。肖鑫炎非常生气，等枣树成熟的时候，肖鑫炎拿锯子把邻居的枣树树枝锯断了。肖鑫炎有权这么做吗？

民法典规定，不动产的相邻权利人应当按照有利生产、方便生活、团结互助、公平合理的原则，正确处理相邻关系。肖鑫炎的院子与邻居的院子相邻，邻居的树对他的生活造成了一定干扰，对此，他可以通过与邻居沟通的方式解决，而不应该用现在的方式。

民法典第288条

27 上游的村庄为了灌溉需要，可以改变河流的流向吗？

东山村和西山村在小月河的上下游，东山村的居民为了扩大灌溉，经常用石块、木头等拦截水流，减少下游供水，给西山村的村民造成了巨大的困扰。西山村的村民可以维护自己的权利吗？

民法典规定，不动产权利人应当为相邻权利人用水、排水提供必要的便利。对自然流水的利用，应当在不动产的相邻权利人之间合理分配。对自然流水的排放，应当尊重自然流向。作为上下游的村民，应该友好、合理地使用水源，西山村可以与东山村友好协商，必要时可以通过法律手段维护自身合法权益。

民法典第290条

28 村委会可以要求村民们统一种植某种作物吗？

余满是养鱼大户，这一天，村干部找到他，说村里搞螃蟹养殖专业村，明年家家户户都要养螃蟹，余满也不例外。但是，余满从来没有养过螃蟹，也没有经验，他不想养螃蟹，还想继续养鱼。余满能够坚持养鱼吗？

民法典规定，土地承包经营权人依法对其承包经营的耕地、林地、草地等享有占有、使用和收益的权利，有权从事种植业、林业、畜牧业等农业生产。余满对于自己承包的土地，有权决定养殖的内容，村干部只能建议，不能干涉。所以，余满有权继续养鱼，不用养螃蟹。

民法典第331条

29 土地承包经营权到期了，可以继续承包吗？

黎叔和黎婶承包了一片林地，种植梨树，经过 5 年的辛勤劳作，终于到了丰收的时候，今年挂果特别多，黎叔和黎婶心里真开心。但是，村干部赖老大看上了这块地，他算了一下，黎叔和黎婶这块地的承包期明年就到了，于是告诉他们，这块地明年由自己承包，黎叔和黎婶能继续承包这块地吗？

民法典规定，耕地的承包期为 30 年。草地的承包期为 30 年至 50 年。林地的承包期为 30 年至 70 年。前款规定的承包期限届满，由土地承包经营权人依照农村土地承包的法律规定继续承包。黎叔的土地承包期限届满之后，可依法继续承包这块土地，这样黎叔和黎婶就能放心投入、安心收获了。

民法典第332条

30 民法典有什么制度保护村民的土地承包经营权？

常远一家准备种名贵的果树，30 年才能结果，他担心政策会变化，果树成熟之后自己的承包地被别人承包，自己无法获得成果。村干部找到他，向他介绍政策，告诉他可以签订承包经营权合同。土地承包经营权合同能保证常远的权利吗？

民法典规定，土地承包经营权自土地承包经营权合同生效时设立。登记机构应当向土地承包经营权人发放土地承包经营权证、林权证等证书，并登记造册，确认土地承包经营权。土地承包经营权合同生效之时常远就获得了土地承包经营权，之后获得证书，并经登记确认，给常远吃下了一颗“定心丸”。

民法典第333条

31 土地承包经营权确定之后，还可以互换吗？

卫家屯的两户村民卫甲和卫乙，各有一块土地离对方的宅基地很近，为了方便耕种，他们想把两块地的承包经营权互换。他们有权这么做吗？

民法典规定，土地承包经营权人依照法律规定，有权将土地承包经营权互换、转让。未经依法批准，不得将承包地用于非农建设。卫甲与卫乙为了耕种方便，互换彼此承包的土地，是民法典允许的。

民法典第334条

32 土地承包经营权互换、转让的，必须登记吗？

白家梓整天游手好闲，父母去世之后，只有他一个人生活，他便把家里土地的承包经营权转让给张三。过了几天，转让款被他用光了，他又将土地承包经营权转让给李四。李四种地的时候发现张三已经插完秧了，两个人找到白家梓理论。这块土地应该由谁来耕种呢？

民法典规定，土地承包经营权互换、转让的，当事人可以向登记机构申请登记；未经登记，不得对抗善意第三人。白家梓把土地承包经营权转让给张三和李四，都没有办理登记手续，而张三已经耕种，产生了人工和费用，这块土地由他耕种更为合适。李四可以要求白家梓退还转让款。

民法典第335条

33 “进城”农民还有土地承包经营权吗？

成安家在城里打工，后来在城里买了房子。但是，他签订的土地承包经营权合同还没有届满。这一天，村干部找到成安家，告诉他，他的土地被村里“收回”了，原因是他已经“进城”了。村里有权这么做吗？

民法典规定，承包期内发包人不得收回承包地。法律另有规定的，依照其规定。成安家虽然在城市居住，但是他的承包经营权还没有到期，在承包期内，发包人不能收回土地，村里无权这么做。

民法典第337条

34 土地承包经营权可以流转吗？

张三、李四、王五是从小长大的伙伴。张三读了农业大学，毕业后回到村里，成立了蔬菜公司，搞规模化有机蔬菜种植，但是苦于没有土地。李四和王五用自己承包的土地入股，让张三的公司开展种植。他们的行为算不算非法交易土地？

民法典规定，土地承包经营权人可以自主决定依法采取出租、入股或者其他方式向他人流转土地经营权。李四和王五作为土地承包经营权人，依法以入股的方式向张三流转土地经营权，实现了规模化种植，提高了产量和收益，是受到民法典保护的。

民法典第339条

35　土地经营人有权从事哪些生产工作？

农大兴看好有机农业的发展，在曹家村承包了一大块土地，开展有机草莓采摘，生意很红火。村里的农民看着眼红，于是告到了村委会，说农大兴的行为违法，要求村委会收回这些土地。农大兴的行为违法了吗？

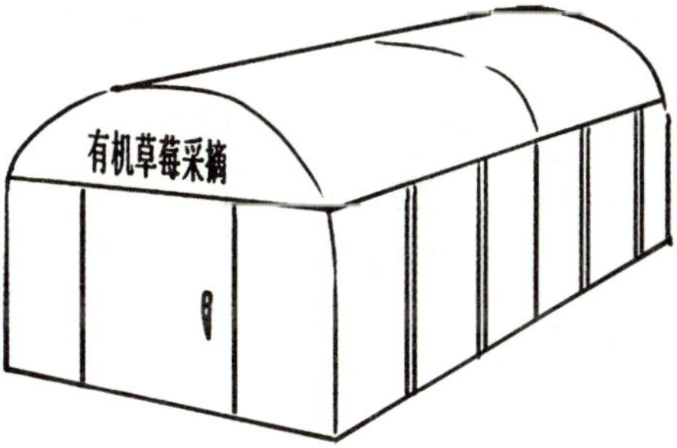

民法典规定，土地经营权人有权在合同约定的期限内占有农村土地，自主开展农业生产经营并取得收益。土地承包经营权人可以自主决定将土地出租给农大兴，农大兴获得土地经营权之后，在合同约定的期限内，可以自主开展农业生产经营。农大兴没有任何违法行为，可以继续经营并取得收益。

民法典第340条

36 村民有权变更、修建宅基地上的建筑物吗？

赵大娘家今年棉花大丰收，挣了不少钱，她想花钱把自己的老房子翻修一遍。同时，她家新买了一辆车，她还想自己盖一个小车库。赵大娘有权这样做吗？

民法典规定，宅基地使用权人依法对集体所有的土地享有占有和使用的权利，有权依法利用该土地建造住宅及其附属设施。赵大娘在自己的宅基地上有权建造住宅和附属设施，这包括翻修现有的住宅，以及在宅基地上建造车库。村民生活水平提高，更充分地利用自己的宅基地，受到民法典的保护。

民法典第362条

37 村民的宅基地因为自然灾害灭失的，应该如何保护自身的利益？

倪非凡的宅基地在山腰上，有一次遭遇泥石流，严重损毁了倪非凡的宅基地和房子，致使这块土地再也无法使用了。倪非凡找到村委会，想要再申请一块宅基地。村委会告诉他，一户村民只能申请一块宅基地。倪非凡还能再申请宅基地吗？

民法典规定，宅基地因自然灾害等原因灭失的，宅基地使用权消灭。对失去宅基地的村民，应当依法重新分配宅基地。倪非凡的宅基地因为泥石流而灭失，无法再建造房屋，宅基地使用权消灭，其依法可以重新获得宅基地，村委会的说法是错误的。

民法典第364条

38 民法典新增的“居住权”是什么意思呢？

独孤大娘没有孩子，老伴也去世了，独孤大娘没什么财产，只有一套郊区的小房子。卖了房子，她就无处居住；不卖房子，她就没钱生活。如何解决她的困难呢？

民法典规定，居住权人有权按照合同约定，对他人的住宅享有占有、使用的用益物权，以满足生活居住的需要。设立居住权，当事人应当采用书面形式订立居住权合同。居住权合同一般包括下列条款：（1）当事人的姓名或者名称和住所；（2）住宅的位置；（3）居住的条件和要求；（4）居住权期限；（5）解决争议的方法。独孤大娘可以将房子卖出，同时与对方签订居住权合同，要求对方为自己设立居住权；自己虽然卖出房子，但是有权在房子里居住，直到去世。

民法典第366条、第367条

39 居住权需要登记吗？

季伟明目前生活在市中心，他很喜欢独孤大娘的房子，但是暂时不方便去住，准备等自己退休了在这里养老，于是，他购买了独孤大娘的房子，并与她签订了居住权合同。这样独孤大娘就获得居住权了吗？

民法典规定，居住权无偿设立，但是当事人另有约定的除外。设立居住权的，应当向登记机构申请居住权登记。居住权自登记时设立。所以，季伟明不仅要与独孤大娘签订居住权合同，还应当到不动产登记机关办理登记，设立居住权。

民法典第368条

40 什么是抵押？抵押权怎么实现？

二刚子开了一个预制品厂，生意很红火，他想扩建厂子，搞规模经营，但是他们没有钱。二刚子跟媳妇商量，媳妇说，可以办理抵押，向农商银行借一笔钱。二刚子媳妇说得对吗？

民法典规定，为担保债务的履行，债务人或者第三人不转移财产的占有，将该财产抵押给债权人的，债务人不履行到期债务或者发生当事人约定的实现抵押权的情形，债权人有权就该财产优先受偿。前款规定的债务人或者第三人为抵押人，债权人为抵押权人，提供担保的财产为抵押财产。二刚子借钱，是债务人，银行是债权人。因为办理了抵押，如果二刚子还不起钱，银行可以卖掉抵押的东西，优先受偿。

民法典第394条

41 哪些东西可以作为抵押品？

二刚子想借钱，但是想了想，好像也没什么值钱的东西能抵押。媳妇给他出主意，小小的预制品厂其实有很多东西可以抵押，究竟是哪些东西呢？

民法典规定，企业、个体工商户、农业生产经营者可以将现有的以及将有的生产设备、原材料、半成品、产品抵押，债务人不履行到期债务或者发生当事人约定的实现抵押权的情形，债权人有权就抵押财产确定时的动产优先受偿。二刚子厂里用来制作预制品的水泥、模具、机器，预制品的半成品和成品，还有厂房等，都可以作抵押。抵押期间，二刚子还可以继续生产经营。

民法典第396条

42 哪些财产是法律规定不能抵押的呢？

二柱子看二刚子的预制品厂赚了钱，跟他爹老柱子商量，也借钱办厂。老柱子问二柱子拿什么作抵押。二柱子主张拿家里的宅基地抵押。老柱子说，老宅基地不能抵押，会败光家里的风水的。宅基地能够抵押吗？

民法典规定，下列财产不得抵押：(1) 土地所有权；(2) 宅基地、自留地、自留山等集体所有土地的使用权，但是法律规定可以抵押的除外；(3) 学校、幼儿园、医疗机构等为公益目的成立的非营利法人的教育设施、医疗卫生设施和其他公益设施；(4) 所有权、使用权不明或者有争议的财产；(5) 依法被查封、扣押、监管的财产；(6) 法律、行政法规规定不得抵押的其他财产。宅基地是民法典规定不能抵押的财产，二柱子是不可以抵押宅基地的。

民法典第399条

第三编　合同

合同制度是社会主义市场经济的基本法律制度。

合同是老百姓生活中必不可少的民事法律关系，可以说影响着我们每个人的生活。

民法典合同编在合同法的基础上完善而成。担保法的部分内容也体现在合同编中。

合同编共 3 个分编、29 章、526 条。

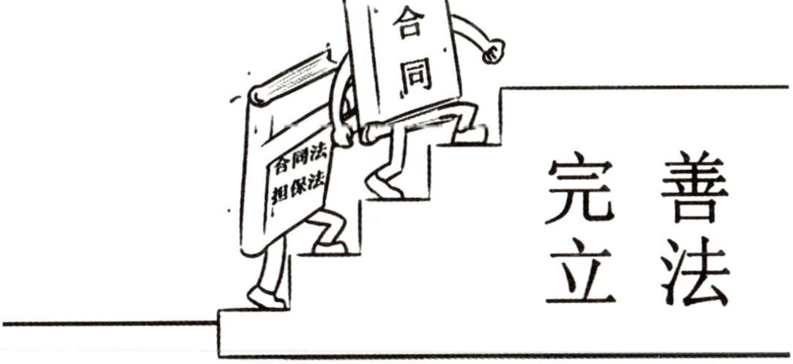

43 什么是格式条款？什么样的格式条款是无效的？

徐卫到银行存款，却在银行人员建议下购买了一款理财产品，并签订了理财产品的购买合同。这份合同是银行的格式合同。后来市场大跌，徐卫损失严重，他找到银行，银行人员却说，合同约定，出现问题，本公司概不负责。徐卫该怎么办？

民法典规定，采用格式条款订立合同的，提供格式条款的一方应当采取合理的方式提示对方注意免除或者减轻其责任等与对方有重大利害关系的条款，按照对方的要求，对该条款予以说明。提供格式条款的一方未履行提示或者说明义务，致使对方没有注意或者理解与其有重大利害关系的条款的，对方可以主张该条款不成为合同的内容。徐卫与银行签订的格式合同免除了银行的责任，对徐卫的财产有重大影响，但是银行没有提示和说明，徐卫也没有注意到，对这一条款，徐卫可以主张不成为合同的内容，有权要求银行承担责任。

民法典第496条第2款

44 什么是悬赏广告？悬赏人有什么义务？

朱富贵有一只心爱的宠物猪前几天走失了，朱富贵心急如焚，在村口张贴了一张告示，如果谁帮他找到小猪佩佩，他愿意支付 1 万元的感谢费。村里的韩超找到了佩佩，把它归还给朱富贵，并要求他支付 1 万元。朱富贵心疼钱，不愿意支付，他可以这样做吗？

民法典规定，悬赏人以公开方式声明对完成特定行为的人支付报酬的，完成该行为的人可以请求其支付。朱富贵通过在村口张贴告示的方式公开声明对找到小猪佩佩的人支付报酬，构成悬赏广告。韩超完成了寻找小猪佩佩的行为，韩超有权请求朱富贵支付。朱富贵应当支付。

民法典第499条

45 在订立合同过程中，一方存在恶意、隐瞒或其他违背诚信原则的，应承担什么责任？

胡图今年粮食大丰收，准备卖个好价钱。来收粮食的石诚出价 2 万元，胡图说回家跟媳妇商量一下再做决定。石曼找到胡图，说愿意多出 5000 元买他的粮食。胡图于是拒绝了石诚，准备卖给石曼。结果石曼却说，你听错了，我是说少出 5000 元。胡图再去找其他买家，只卖出了 18000 元。胡图很生气，他能找石曼要求赔偿吗？

民法典规定，当事人在订立合同过程中有下列情形之一，造成对方损失的，应当承担赔偿责任：（1）假借订立合同，恶意进行磋商；（2）故意隐瞒与订立合同有关的重要事实或者提供虚假情况；（3）有其他违背诚信原则的行为。石曼假借与胡图订立买卖合同，恶意磋商，造成胡图少卖了 2000 元，石曼应当承担赔偿责任。

民法典第500条

46 合同里规定造成对方人身损害也免责的，是否可以不承担责任？

卢健办了一张健身卡，但是在健身的过程中，器材突然坏了，砸断了卢健的腿，于是卢健要求健身房赔偿。但是健身房说，在与卢健签订的合同中已约定，如果卢健在健身房受伤，健身房不承担任何责任。健身房能够免责吗？

民法典规定，合同中的下列免责条款无效：（1）造成对方人身损害的；（2）因故意或者重大过失造成对方财产损失的。健身房在与卢健的合同中约定，如果造成卢健受伤，健身房不承担责任，这违反了民法典的规定，这个免责条款无效，健身房不能依据这个条款要求免责。

民法典第506条

47 什么是“定金罚则”？

白云大娘有一个清朝的瓷碗，顾东凡听说之后找到白云购买，并支付了 2 万元定金。谁知大娘刚拿到钱，瓷碗就被孙子打碎了。白云大娘赶紧找到顾东凡，想退还定金，但是顾东凡却说，白云大娘应当给他 4 万元。顾东凡的说法正确吗？

民法典规定，当事人可以约定一方向对方给付定金作为债权的担保。定金合同自实际交付定金时成立。债务人履行债务的，定金应当抵作价款或者收回。给付定金的一方不履行债务或者履行债务不符合约定，致使不能实现合同目的的，无权请求返还定金；收受定金的一方不履行债务或者履行债务不符合约定，致使不能实现合同目的的，应当双倍返还定金。这也被称为“定金罚则”。白云大娘因为碗被摔碎了，不能履行债务，应当双倍返还定金，也就是还给顾东凡 4 万元。

民法典第586条第1款、第587条

48 同时约定违约金和定金的，二者可以同时适用吗？

小金和小银签订合同，同时约定了定金，即“小金先行支付给小银 1 万元作为担保，小金履行债务后，定金应当抵作价款；不履行约定债务的，无权要求返还定金。小银不履行约定的债务的，应当双倍返还定金”。同时约定了违约金条款，即“一方违约的，违约方向另一方支付 2 万元违约金”。后小金违约，造成小银 1 万元的损失。小银扣下定金 1 万元，还要求小金支付 2 万元违约金。小银的行为符合民法典的规定吗？

民法典规定，当事人既约定违约金，又约定定金的，一方违约时，对方可以选择适用违约金或者定金条款。定金不足以弥补一方违约造成的损失的，对方可以请求赔偿超过定金数额的损失。故 1 万元足够弥补小银的损失，小银不能再要求支付违约金。

民法典第588条

49 当事人因为不可抗力不能履行合同的，可以免除责任吗？

魏瓜瓜今年种的西瓜大丰收，被城里的水果超市看上了，签订了买卖合同，约定 7 月 3 日送到。魏瓜瓜 7 月 2 日开车送瓜的时候才发现，出村必须经过的那座桥断了，没法出村了，这可咋办呢？

民法典规定，当事人一方因不可抗力不能履行合同的，根据不可抗力的影响，部分或者全部免除责任，但是法律另有规定的除外。因不可抗力不能履行合同的，应当及时通知对方，以减轻可能给对方造成的损失，并应当在合理期限内提供证明。桥断了，魏瓜瓜不能提前知道，也无法避免，所以他遇到的是不可抗力，根据民法典的规定，他可以免除责任。同时，他应该及时通知水果超市，以便水果超市采取行动避免损失。

民法典第590条第1款

50 商品在交付之前损毁的，由买方还是卖方来承担责任？

金满堂今年玉米大丰收，也找到了一个很好的买家，双方约定，3号一早买家开车来收玉米。谁知道，2号晚上狂风暴雨，把玉米淋湿了。买家看到受潮的玉米，拒绝再买。金满堂却认为，合同已经签了，玉米受潮的损失应该由买家承担，这是正确的吗？

民法典规定，标的物毁损、灭失的风险，在标的物交付之前由出卖人承担，交付之后由买受人承担，但是法律另有规定或者当事人另有约定的除外。玉米受潮造成的损失，在交付给买家之前，是由金满堂承担的，而不是由买家承担。如果是玉米被买家收走之后再受潮，损失才由买家承担。这跟合同订立的时间没有关系。

民法典第604条

51 逾期不支付电费的，供电人可以中止供电吗？

小张一家欠了电费，供电公司上门催缴过一次，小张不以为意，认为自己已经欠缴了却没有断电，现在不交电费也没有关系。某晚，小张一家在家吃饭时突然断电。供电公司这种中止供电的做法符合民法典规定吗？

民法典规定，用电人应当按照国家有关规定和当事人的约定及时支付电费。用电人逾期不支付电费的，应当按照约定支付违约金。经催告用电人在合理期限内仍不支付电费和违约金的，供电人可以按照国家规定的程序中止供电。供电人依据前款规定中止供电的，应当事先通知用电人。故本案中，供电公司在提前通知了的情况下，可以中止供电。

民法典第654条

52 赠与他人财产后又后悔了，能够撤销赠与吗？

涂大宽生意做得很好，赚了很多钱，非常高兴，于是跟吴老二说，要把家里的名贵紫砂壶送给他。涂大宽又看到疫情严重，决定掏钱买 1000 个 N95 口罩送给医院。涂大宽的妻子知道后很生气，告诉他，没有自己的允许，一分钱也不能送。那么，涂大宽有权撤销这两项赠与吗？

民法典规定，赠与人在赠与财产的权利转移之前可以撤销赠与。涂大宽还没有把紫砂壶交给吴老二，因此可以撤销赠与。民法典同时规定，经过公证的赠与合同或者依法不得撤销的具有救灾、扶贫、助残等公益、道德义务性质的赠与合同，不适用前款规定。涂大宽赠送给医院的 N95 口罩，是用于防疫的物资，具有公益、道德义务，虽然还没有交给医院，但是也不能撤销。

民法典第658条

53 赠与他人财产，可以提要求吗？

贺脱贫是村里的贫困户，之前村里帮他脱贫，给他鸡和鸭子，让他养鸡养鸭，都被他吃掉了。这一次，村里来了一个大学生“村官”，自掏腰包，买了一头小牛犊，让他养牛，并且要求他只能养大耕地，不能再吃掉。贺脱贫说，这次我一定好好生产，不再偷吃。捐赠者能够提这样的要求吗？

民法典规定，赠与可以附义务。赠与附义务的，受赠人应当按照约定履行义务。为了精准脱贫，提高贫困农民自力更生的能力，变“输血”为“造血”，大学生“村官”赠送给贺脱贫牛的同时附加了义务，贺脱贫应当按照约定喂养耕牛，而不能用于别的用途。

民法典第661条

54 银行提供贷款，可以要求借款人提供收入证明吗？

岳千大学毕业之后留在城里工作，他非常优秀，收入很高。岳千想在城里买房安家，但是家里条件比较差，于是岳千决定从银行贷款。银行要求岳千提供他的收入证明，以决定能借给他多少钱。银行这种要求是合理的吗？

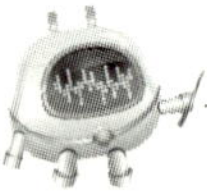

民法典规定，订立借款合同，借款人应当按照贷款人的要求提供与借款有关的业务活动和财务状况的真实情况。银行与岳千之间订立借款合同，有权要求岳千提供与借款有关的收入证明等情况，以确定给他贷款的具体数额。

民法典第669条

55 借款的利率可以由民间自由约定吗？民法典对此有哪些限制？

杨喜今年考上了大学，她父亲杨劳非常高兴，但是学费贵，杨劳只能向村里的富户黄势借钱。黄势知道杨劳是急用钱，什么条件都会答应，于是约定年利率 40%，杨劳只能无奈答应。请问，40% 的约定合法吗？

民法典明确规定，禁止高利放贷，借款的利率不得违反国家有关规定。2020 年《最高人民法院关于审理民间借贷案件适用法律若干问题的规定》规定，出借人请求借款人按照合同约定利率支付利息的，人民法院应予支持，但是借贷双方约定的利率超过合同成立时一年期贷款市场报价利率 4 倍的除外。这一规定利率可以作为参考，黄势和杨劳约定年利率 40%，明显高于上述标准，构成高利放贷，违反了有关规定。

民法典第680条第1款

56 出租期间，租赁物损坏的，由谁来维修？

丁天一有一台闲置的拖拉机，租给了易天定，租期 1 年。易天定用了一天，拖拉机的发动机就坏了，无法使用。易天定找到丁天一理论，丁天一态度诚恳，承诺把车修好。那么，拖拉机的维修义务通常应该由谁承担呢？

民法典规定，出租人应当按照约定将租赁物交付承租人，并在租赁期限内保持租赁物符合约定的用途。出租人应当履行租赁物的维修义务，但是当事人另有约定的除外。丁天一出租拖拉机 1 年，应当在这一年中保持拖拉机能够正常使用。拖拉机的发动机坏了，无法使用，应当由丁天一来承担维修义务。当然，如果他们约定易天定承担的，也可以由易天定承担。

民法典第708条、第712条

57 承租人改变租赁物用途而使用的，是否合法？

范毅有一辆面包车，他经常开车拉货。后来范毅腿摔伤了，1 年内不能开车，就把车租给了村里的姚峰，租期 1 年。半年后，范毅突然发现，姚峰把面包车改成了卖食品的大篷车。范毅很生气，说姚峰弄坏了他的车。姚峰不以为然，说车租给我了，我怎么用是我的事。那么，姚峰的做法合法吗？

民法典规定，承租人应当按照约定的方法使用租赁物。对租赁物的使用方法没有约定或者约定不明确，依据本法第 510 条的规定仍不能确定的，应当根据租赁物的性质使用。面包车的通常用途是载人或者载货，改造成大篷车卖食品不是它的通常用法。改造成大篷车之后，范毅不能再按照原来的方式使用面包车。所以，姚峰的做法违反了租赁合同的规定。

民法典第709条

58 承租人按照约定使用租赁物，租赁物到期报废的，要承担赔偿责任吗？

易天定租用丁天一的拖拉机 3 年了，拖拉机到了报废期，不能再使用了。丁天一找到易天定，要求易天定赔偿。易天定觉得他正常使用拖拉机，时间长了，拖拉机正常报废，责任不在自己，丁天一无权要求自己赔偿。他们谁说的有道理呢？

民法典规定，承租人按照约定的方法或者根据租赁物的性质使用租赁物，致使租赁物受到损耗的，不承担赔偿责任。易天定在租期内正常地使用拖拉机，拖拉机正常损耗，3 年后，自然到了报废期，他不承担赔偿责任。

民法典第710条

59 房客经过房东同意，转租房屋给第三人，第三人造成房内设施损坏的，谁来承担责任？

房东把房子租给租客甲，租客甲一个人觉得房租太贵，就跟房东商量，把其中一间房租给了租客乙，房东同意了。租客乙把房东的古董家具砸坏了，这个损失谁来赔偿？

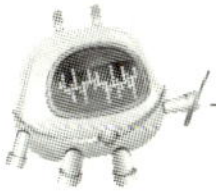

民法典规定，承租人经出租人同意，可以将租赁物转租给第三人。承租人转租的，承租人与出租人之间的租赁合同继续有效；第三人造成租赁物损失的，承租人应当赔偿损失。租客甲把房子转租给租客乙，房东和租客甲之间的合同继续有效，租客乙造成租赁物损失的，租客甲对房东承担赔偿责任。

民法典第716条第1款

60 房客可以把房子转租他人吗？

租客甲觉得有利可图，又私自把客厅打了隔断，租给了租客丙、租客丁。房东发现了租客甲的行为，他很生气，要求解除合同。但是租客甲说，之前你不是同意了吗，所以这次你也不能解除合同。租客甲的话是正确的吗？

民法典规定，承租人未经出租人同意转租的，出租人可以解除合同。租客甲转租给租客乙的行为得到了房东的同意，因而是有效的。但是，租客甲把房子租给租客丙、租客丁的行为未得到房东的同意，房东可以依法解除合同。

民法典第716条第2款

61 房东把房子卖了，新房主可以要求租客离开吗？

吕蓓漂跟房东签了 1 年的租房合同，半年后，突然家里来了一个人，说他已经买了这套房子，要求吕蓓漂搬走。吕蓓漂很无奈，她想，这个人是房子的主人，他撵我走，我肯定不能不走啊。那么，吕蓓漂可以继续住在这里吗？

民法典规定，租赁物在承租人按照租赁合同占有期限内发生所有权变动的，不影响租赁合同的效力。这也被称为“买卖不破租赁”，即使房子的主人发生了变化，吕蓓漂根据合法的租房合同，仍然能安心地住在这里，她的权利受到民法典的保护。

民法典第725条

62 承租人订立合同时知道租赁物质量不合格，租赁物危及承租人安全的，可以解除合同吗？

董奶奶家境贫寒，只能以便宜的价格租住一个又破又小的房子，后来这个房子漏风漏雨，董奶奶住在里面一直生病，实在租不下去了，她找到房东，要求解除合同。房东说，之前你就看过了，这就是个破房子，现在怎么能后悔呢？董奶奶能要求解除合同吗？

民法典规定，租赁物危及承租人的安全或者健康的，即使承租人订立合同时明知该租赁物质量不合格，承租人仍然可以随时解除合同。董奶奶住在小房子里，身体健康已经受到损害，虽然她签订租房合同的时候已经知道房子的状况，但仍然有权解除合同。

民法典第731条

63 乘客按照车票乘坐列车，但是越程乘坐，这种行为合法吗？

史奶奶坐高铁去城里看儿子，她想，只要是同一趟车就行了，少买几站，能省不少钱。这一天，她还是少买了几站并成功上车，但是，却被列车员发现，并被要求补票。史奶奶很生气，她说，我有票，还是这趟车的，你们不能要求我补票。史奶奶的做法正确吗？

民法典规定，旅客应当按照有效客票记载的时间、班次和座位号乘坐。旅客无票乘坐、超程乘坐、越级乘坐或者持不符合减价条件的优惠客票乘坐的，应当补交票款，承运人可以按照规定加收票款；旅客不支付票款的，承运人可以拒绝运输。史奶奶的行为属于越程乘坐，按照民法典的规定，列车员可以要求她补交票款。如果史奶奶拒不支付，列车员可以要求她下车。

民法典第815条第1款

64 携带菜刀等危险物品乘坐高铁遭拒，承运人的行为合法吗？

老倔头的老伴在城里给儿子看孩子，老伴抱怨城里的菜刀不好用，要老倔头带两把菜刀过来。老倔头带着菜刀准备坐高铁，被安检人员拦了下来，不让他带菜刀。老倔头偏要带菜刀，高铁能够拒绝老倔头乘坐吗？

民法典规定，旅客不得随身携带或者在行李中夹带易燃、易爆、有毒、有腐蚀性、有放射性以及可能危及运输工具上人身和财产安全的危险物品或者违禁物品。旅客违反前款规定的，承运人可以将危险物品或者违禁物品卸下、销毁或者送交有关部门。旅客坚持携带或者夹带危险物品或者违禁物品的，承运人应当拒绝运输。老倔头携带危险物品乘坐高铁，违反了民法典的规定，承运人可以将菜刀卸下。如果老倔头坚持携带菜刀乘车，承运人有权拒绝他乘坐。

民法典第818条

65 去超市购物，把包放到超市储物柜，这种行为算作保管吗？

公孙大娘去超市买菜，把随身携带的包存放在储物柜里，等她买完东西出来，发现存在储物柜里的包不见了。公孙大娘找到超市管理人员，超市管理人员说，公孙大娘把包放到储物柜里，并没有交给超市工作人员，所以超市没有保管她的包，超市的说法正确吗？

民法典规定，保管合同是保管人保管寄存人交付的保管物，并返还该物的合同。寄存人到保管人处从事购物、就餐、住宿等活动，将物品存放在指定场所的，视为保管，但是当事人另有约定或者另有交易习惯的除外。超市的储物柜是超市指定的存放物品场所，公孙大娘把包放到超市的储物柜，视为保管，超市的说法是不正确的。

民法典第888条

66 替别人保管耕牛，牛生下了一头小牛，小牛归谁所有？

老连头去城里照顾女儿和外孙女，临走前把家里的母牛委托给邻居老钟头。两年后，老连头回到村里，取回自己的牛，老钟头不但把母牛还给了老连头，还把母牛生下的小牛送给老连头。老连头夸老钟头真是个好人。那么，正常情况下小牛应该归谁所有呢？

民法典规定，保管期限届满或者寄存人提前领取保管物的，保管人应当将原物及其孳息归还寄存人。母牛属于保管的原物，母牛生下的小牛属于孳息，根据民法典的规定，原物和孳息都应该归老连头所有。

民法典第900条

67 业主认为自己没有接受物业服务，业主可以不交物业费吗？业主不交物业费，物业能够通过断水断电等方式催交吗？

老郝跟着儿子一起进城，买了一套二手房，老郝觉得自己没有接受物业服务，拒交物业费。物业人员上门催交，威胁如果再不交费就断水。物业能够通过断水断电等方式催交吗？

民法典规定，业主应当按照约定向物业服务人支付物业费。物业服务人已经按照约定和有关规定提供服务的，业主不得以未接受或者无需接受相关物业服务为由拒绝支付物业费。业主违反约定逾期不支付物业费的，物业服务人可以催告其在合理期限内支付；合理期限届满仍不支付的，物业服务人可以提起诉讼或者申请仲裁。物业服务人不得采取停止供电、供水、供热、供燃气等方式催交物业费。虽然老郝觉得没有接受物业服务，但不能以此为由不交物业费。老郝不交费，物业人员可以催告或起诉，但不能采取停止供电、供水、供热、供燃气等方式催交物业费。

民法典第944条

68 中介隐瞒房子内曾经有人自杀的情况，让客户购买房屋，客户可以向中介维权吗？

方爷爷和方奶奶年纪大了，行动不便，子女又都在城里，他们决定到城里买房，跟孩子们一起居住。他们看中一套房子，中介说“风水”特别好，他们决定购买。后来老两口得知，这套房子曾经有人自杀，还有纠纷，无法过户，老两口越想越生气，要求中介退还中介费，他们有权这么做吗？

民法典规定，中介人应当就有关订立合同的事项向委托人如实报告。中介人故意隐瞒与订立合同有关的重要事实或者提供虚假情况，损害委托人利益的，不得请求支付报酬并应当承担赔偿责任。中介故意隐瞒关于这套房子的重要信息，提供虚假情况，不得请求支付报酬并应当承担赔偿责任。

民法典第962条

69 买方和卖方绕过中介，直接签订合同，中介可以要求他们支付中介费吗？

叶轩要卖房子，他把自己的房子挂到了中介，中介帮他找到了一个买房的人麦迪。叶轩和麦迪见面之后，才发现他俩是高中同学，彼此早就认识。他俩私下一商量，决定绕开中介，自己订立房屋买卖合同，办理过户。中介知道之后，可以要求支付中介费吗？

民法典规定，委托人在接受中介人的服务后，利用中介人提供的交易机会或者媒介服务，绕开中介人直接订立合同的，应当向中介人支付报酬。虽然麦迪和叶轩早就认识，但是他们的交易机会是中介提供的，所以，他们不能绕开中介直接订立合同，即使后来他们订立了合同，也应当向中介支付报酬。

民法典第965条

70 自己的牛到别人家里，别人帮助照料，可以要求支付费用吗？

老周头去城里的儿子家住了 1 个月，回来之后发现自己家的牛不见了，他非常着急，四处去找他的牛。这时候，村里汪大哥牵着他的牛过来了，对他说，老周，你的牛跑到我家了，我就给你养了 1 个月，现在你回来了，物归原主。老周头需要向汪大哥支付费用吗？

汪大哥的行为在法律上叫作“无因管理”，民法典规定，管理人没有法定的或者约定的义务，为避免他人利益受损失而管理他人事务的，可以请求受益人偿还因管理事务而支出的必要费用；管理人因管理事务受到损失的，可以请求受益人给予适当补偿。汪大哥可以让老周头支付这 1 个月养牛的饲料钱。如果养牛给汪大哥造成一些损失，老周头也应该适当补偿。

民法典第979条第1款

71 给自己的手机号充值，充到了别人的手机里，可以要求退回吗？

张三给自己的手机充值 500 元，但是他输错一个号码，500 元钱充到了李四手机号码里。张三给李四打电话，希望李四能退给他 500 元。李四说，我又不认识你，充到我手机里就是我的了。李四的说法正确吗，张三可以要求李四还钱吗？

李四的这种行为，法律上叫作“不当得利”。民法典规定，得利人知道或者应当知道取得的利益没有法律根据的，受损失的人可以请求得利人返还其取得的利益并依法赔偿损失。李四取得这 500 元并没有合法的依据，是由张三误操作造成的，所以，当张三要求返还 500 元钱的时候，李四应当返还，否则要承担相应的法律责任。

民法典第987条

第四编　人格权

本编坚持以人民为中心，顺应人民群众对人格权保护的需求。人格权是民事主体享有的生命权、身体权、健康权、姓名权、名称权、肖像权、名誉权、荣誉权、隐私权等权利，关系到每一个人的切身利益。

与其他编在原有单行法基础上完善而成不同，本编属于新增内容。

人格权编共 6 章、51 条。

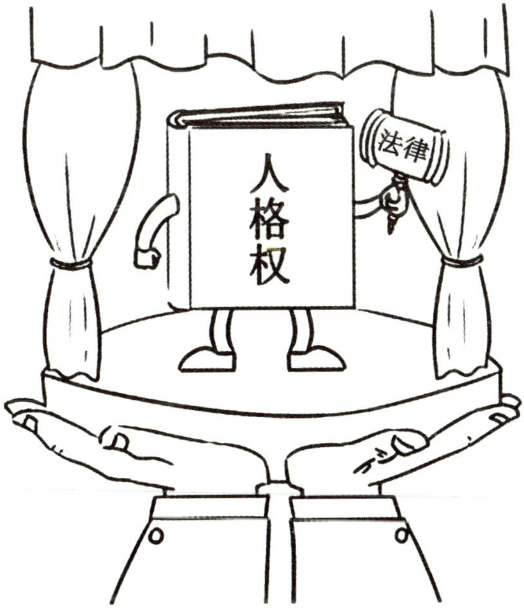

76 为了救命，购买人体器官，这种行为合法吗？

吉丙得了严重的肾病，需要肾移植，但是医院没有合适的肾源。吉丙身体一天不如一天，他的母亲病急乱求医，在“黑市”上找到了肾源，要求医院为吉丙移植。医院说，买卖人体器官是违法的，医院无法为其做移植手术。医院的说法是正确的吗？

民法典规定，禁止以任何形式买卖人体细胞、人体组织、人体器官、遗体。违反前款规定的买卖行为无效。吉丙的母亲救子心切，可以理解，但是民法典禁止以任何形式买卖人体器官，吉丙母亲的行为已经违法，其买卖行为无效。

民法典第1007条

77 什么是性骚扰？民法典规定了哪些预防、处理性骚扰的制度？

刘莽喜欢同一个工厂的姑娘小芳，但是小芳并不喜欢刘莽。刘莽求之不得，但又不死心，总是给小芳发一些黄色短信、图片，有时候还会跟踪小芳，说一些色情的话，对她动手动脚。小芳觉得非常苦恼，她该怎么办呢？

民法典规定，违背他人意愿，以言语、文字、图像、肢体行为等方式对他人实施性骚扰的，受害人有权依法请求行为人承担民事责任。机关、企业、学校等单位应当采取合理的预防、受理投诉、调查处置等措施，防止和制止利用职权、从属关系等实施性骚扰。刘莽以语言、文字、图像和肢体行为的方式，对小芳实施性骚扰，小芳可以依法请求刘莽承担民事责任，停止对她的骚扰，也可以要求所在工厂采取一定的措施制止刘莽的行为。

民法典第1010条

78 孩子可以随母亲姓或者其他人姓吗？

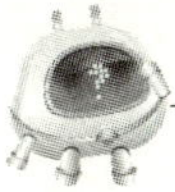

宋单传和唐一女都是独生子女，他们结婚后生了一个孩子，全家人都很喜欢这个孩子，但是宋单传和唐一女都希望孩子跟自己姓。宋单传很生气，哪有孩子不随爸爸姓的呢？唐一女觉得宋单传思想陈旧，她有权要求孩子随她姓。那么，这个孩子应该随谁姓呢？

民法典规定，自然人应当随父姓或者母姓，但是有下列情形之一的，可以在父姓和母姓之外选取姓氏：(1)选取其他直系长辈血亲的姓氏；(2)因由法定扶养人以外的人扶养而选取扶养人姓氏；(3)有不违背公序良俗的其他正当理由。少数民族自然人的姓氏可以遵从本民族的文化传统和风俗习惯。所以，这个孩子既可以姓宋，也可以姓唐，夫妻俩应该心平气和地决定孩子姓氏的问题。

民法典第1015条

79 什么是隐私？民法典是如何保护公民隐私权的？

查南追求吴智，被吴智拒绝。查南通过跟踪发现吴智正在与她的上司谈恋爱。因为公司不允许办公室恋情，所以两人并未公开。查南很生气，把吴智与其上司恋爱的事情告诉了吴智的同事们。查南的行为构成对吴智的侵权吗？

民法典规定，自然人享有隐私权。任何组织或者个人不得以刺探、侵扰、泄露、公开等方式侵害他人的隐私权。隐私是自然人的私人生活安宁和不愿为他人知晓的私密空间、私密活动、私密信息。吴智不希望同事知道自己恋爱的事情，所以这属于吴智的隐私。但是，查南却跟踪吴智，刺探到吴智的隐私，并将其公之于众，侵害了吴智的隐私权。

民法典第1032条

80 卖家一直给买家打电话，要求买家删除差评，这种行为违法吗？

严瑾在某电商平台买了一个电子产品，发现是翻修机，于是退货并给了卖家差评。于是，卖家不断打电话给严瑾，要求他删除差评，并且辱骂严瑾，给严瑾的生活造成了很大的困扰。那么，商家的行为违法吗？

民法典规定，除法律另有规定或者权利人明确同意外，任何组织或者个人不得实施下列行为：（1）以电话、短信、即时通讯工具、电子邮件、传单等方式侵扰他人的私人生活安宁；（2）进入、拍摄、窥视他人的住宅、宾馆房间等私密空间；（3）拍摄、窥视、窃听、公开他人的私密活动；（4）拍摄、窥视他人身体的私密部位；（5）处理他人的私密信息；（6）以其他方式侵害他人的隐私权。卖家不断电话骚扰严瑾，给严瑾的生活造成了很大的困扰，侵害了严瑾的隐私权，违反了民法典的规定，属于违法行为。

民法典第1033条

81 什么是个人信息？民法典如何保护自然人的个人信息？

杨明需要注册一个网站的用户名，网站要求他提供身份证号码以进行注册。杨明输入了自己的身份证号码，却被告知，其身份证号已经被注册。但是，杨明确实没有注册过，后经过调查，是因为杨明的身份证号码被盗用了。身份证号码是受保护的信息吗？

民法典规定，自然人的个人信息受法律保护。个人信息是以电子或者其他方式记录的能够单独或者与其他信息结合识别特定自然人的各种信息，包括自然人的姓名、出生日期、身份证件号码、生物识别信息、住址、电话号码、电子邮箱、健康信息、行踪信息等。个人信息中的私密信息，适用有关隐私权的规定；没有规定的，适用有关个人信息保护的规定。因此，杨明的身份证号码是受法律保护的个人信息。盗用其身份证号码的人侵犯了杨明的权利。 **民法典第1034条**

第五编　婚姻家庭

婚姻家庭编调整的是婚姻家庭关系和亲属关系。

婚姻家庭关系涉及家家户户的利益。

民法典婚姻家庭编在婚姻法和收养法的基础上完善而成。

婚姻家庭编共 5 章、79 条。

82 父母都是爱自己的子女的，所以父母在子女婚姻问题上有决定权吗？

梁山山和祝英英是高中同学，两人相爱 10 年，准备结婚。但是，祝英英的爸爸不同意，逼着祝英英嫁给县长的儿子马文文。祝英英有权决定自己的婚姻吗？

民法典规定，结婚应当男女双方完全自愿，禁止任何一方对另一方加以强迫，禁止任何组织或者个人加以干涉。我国婚姻法一直强调结婚自由，民法典重申了这一原则。祝英英有权决定自己的婚姻，任何个人和组织，包括自己的父亲、马文文等都无权干涉。

民法典第1046条

83 法定结婚年龄是多少岁？男女是一样的吗？

钱青梅和孙竹马从小生活在一起，感情特别好。这一年，两个人都 20 岁了，孙竹马的父母认为，男人应该早点结婚成家，这样才算长大成人，钱青梅和孙竹马都同意了，那么，他们能结婚吗？

民法典规定，结婚年龄，男不得早于 22 周岁，女不得早于 20 周岁。钱青梅已经到了法定结婚年龄，而孙竹马还没有达到结婚年龄，民政部门无法为二人办理结婚登记，他们不能结婚。

民法典第1047条

84 亲属之间能结婚吗？民法典有哪些具体的规定？

戴玉的外婆是包玉的奶奶，戴玉母亲去世之后，戴玉就到外婆家跟包玉一起生活，他们感情非常好，到了结婚年龄，他们准备结婚。但是遭到了包玉奶奶的反对，奶奶说他们是近亲属，不能结婚，奶奶说得对吗？

民法典规定，直系血亲或者三代以内的旁系血亲禁止结婚。直系血亲是指和自己有生与被生关系的亲属，包括父母、祖父母、外祖父母以及更上的直系长辈，和子女、孙子女、外孙子女以及更下的直系晚辈。三代以内旁系血亲是指在血缘上和自己同出于三代以内的亲属。包玉和戴玉算作第一代，其父母算第二代，祖父母、外祖父母是第三代，第三代是同一个人即包玉的奶奶，所以他们是三代以内旁系血亲，法律禁止他们结婚。

民法典第1048条

85 一方患有重大疾病，在结婚登记前隐瞒另一方的，婚姻效力如何？

魏某与白某经过相亲认识并结婚。后魏某无意中得知白某实际上患重大疾病，却故意隐瞒了自己，非常生气。魏某可以去法院请求撤销婚姻吗？

民法典规定，一方患有重大疾病的，应当在结婚登记前如实告知另一方；不如实告知的，另一方可以向人民法院请求撤销婚姻。请求撤销婚姻的，应当自知道或者应当知道撤销事由之日起 1 年内提出。

民法典第1053条

86 夫妻一方可以干涉另一方工作、学习和社会活动吗？

老胡与老陈结婚多年。二人在城里给儿子看孩子，空闲时间，老胡白天去下棋，老陈则出去跳广场舞。老胡认为自己的老伴儿每天在公园扭来扭去有伤大雅，便阻止老陈去跳广场舞，认为她这样丢了自己作为老伴儿的脸。老胡限制老陈业余生活的行为合法吗？

民法典规定，夫妻双方都有参加生产、工作、学习和社会活动的自由，一方不得对另一方加以限制或者干涉。故老胡不得限制或干涉妻子老陈跳广场舞。

民法典第1057条

87 照顾孩子是女人的事情，对于这种说法民法典有没有相应规定？

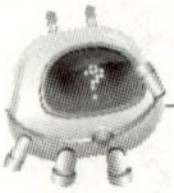

王梓和宫主是一对年轻的小夫妻，一年前他们有了一个小宝宝。但是，王梓从来不帮助宫主照顾孩子，总是一回家就躺在床上玩手机。宫主每次要求王梓照顾孩子，王梓就会说，照顾孩子是女人的事情。王梓的说法正确吗？

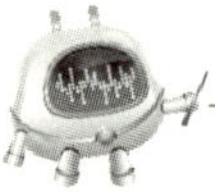

民法典规定，夫妻双方平等享有对未成年子女抚养、教育和保护的权利，共同承担对未成年子女抚养、教育和保护的义务。抚养、教育和保护孩子是夫妻双方共同的义务，那种认为“照顾孩子是女人的事情”的想法是不对的。

民法典第1058条

88 夫妻中的一方对外实施了民事法律行为，另一方不同意，合同有效吗？

吕迪梅从单毅的店里买了一套健身器材，单毅以市场价卖给了她，约定 7 天无理由退款。第十天，吕迪梅和丈夫南霸泉来到店里，南霸泉要求退货，理由是，家里是自己做主，吕迪梅没有经过自己同意就买东西，是无效的。南霸泉的理由合理吗？

民法典规定，夫妻一方因家庭日常生活需要而实施的民事法律行为，对夫妻双方发生效力，但是夫妻一方与相对人另有约定的除外。夫妻之间对一方可以实施的民事法律行为范围的限制，不得对抗善意相对人。吕迪梅购买健身器材属于家庭日常生活需要，其购买行为对夫妻双方发生效力。即使吕迪梅和南霸泉对家庭事务有约定，也不能对抗善意相对人单毅。所以，南霸泉的要求是不合理的。

民法典第1060条

89 根据民法典的规定，哪些财产属于夫妻共同财产？

马克和丫丫从小一起在村里长大，一起考上大学，留在大城市生活。他们结婚之后，小两口决定一起努力生活，努力攒钱，把日子过得红红火火。那么，哪些收入是他们夫妻的共同财产呢？

民法典规定，夫妻在婚姻关系存续期间所得的下列财产，为夫妻的共同财产，归夫妻共同所有：（1）工资、奖金、劳务报酬；（2）生产、经营、投资的收益；（3）知识产权的收益；（4）继承或者受赠的财产，但是遗嘱或者赠与合同中确定只归一方的财产除外；（5）其他应当归共同所有的财产。夫妻对共同财产，有平等的处理权。

民法典第1062条

90 离婚之后，哪些债务可以确定为不属于夫妻共同债务？

陶华和丈夫结婚之后，发现丈夫有赌博的恶习，经常背着她在外面借钱赌博。陶华忍无可忍，与丈夫离了婚。一天，有人找到陶华，要求她偿还前夫在他们婚姻期间欠下的 100 万元债务。陶华傻眼了，她有权拒绝支付吗？

民法典规定，夫妻一方在婚姻关系存续期间以个人名义超出家庭日常生活需要所负的债务，不属于夫妻共同债务；但是，债权人能够证明该债务用于夫妻共同生活、共同生产经营或者基于夫妻双方共同意思表示的除外。陶华前夫的欠款是在他们婚姻关系存续期间以前夫个人名义所欠，数额巨大，明显超出他们家庭生活所需，陶华并不知情，不属于夫妻共同债务，陶华无须偿还。

民法典第1064条第2款

91 成年子女不履行赡养义务的，父母该怎样维护自己的权利？

老白头有一个儿子白燕郎，很小的时候就出门打工，后来做了大老板，很有钱。但是，白燕郎很少回家看望老白头，也从不给老白头寄钱。老白头年纪一点点大了，也没有收入来源，生活很困难，老白头有权要求儿子养他吗？

民法典规定，成年子女不履行赡养义务的，缺乏劳动能力或者生活困难的父母，有要求成年子女给付赡养费的权利。白燕郎是一个成年人，他有义务赡养自己的父亲老白头。他不履行赡养老白头的义务，老白头可以要求他支付赡养费。

民法典第1067条第2款

92 老年人要跟别人结婚的，子女能否阻止？

郑牛郎和韩织女青梅竹马，年轻的时候因为家里阻挠，没有在一起，各自成家。两人晚年先后丧偶，希望能够再续前缘，组成家庭。韩织女担心自己的子女会反对他们结婚，甚至不赡养自己。郑牛郎说，你放心，法律规定，子女对父母有赡养义务，跟你再不再嫁没关系。郑牛郎说得对吗？

民法典规定，子女应当尊重父母的婚姻权利，不得干涉父母离婚、再婚以及婚后的生活。子女对父母的赡养义务，不因父母的婚姻关系变化而终止。郑牛郎和韩织女有结婚的自由，不受子女的干涉。子女对他们的赡养义务，也不因他们婚姻关系的变化而终止。最美不过夕阳红，郑牛郎和韩织女的婚姻和家庭权利受到民法典的保护。

民法典第1069条

93 继父母和继子女之间有怎样的权利义务关系？

袁园和方芳都有一段失败的婚姻，并且各自带着一个未成年孩子。后来，他们鼓起勇气再次走进婚姻。袁园总是担心方芳这个“后妈”会虐待自己的儿子，但是方芳是个善良的女人，把袁园的儿子当成了自己的孩子。那么，在法律上，袁园的儿子也同方芳的亲生子一样享有权利吗？

民法典规定，继父母与继子女间，不得虐待或者歧视。继父或者继母和受其抚养教育的继子女间的权利义务关系，适用民法典关于父母子女关系的规定。虽然方芳不是袁园儿子的亲生母亲，但是民法典规定他们之间的权利义务与亲生父母子女是一样的。我们希望，在民法典的保护下，在袁园、方芳的关爱下，两个孩子能够健康、快乐地成长。

民法典第1072条

94 网上热议的“离婚冷静期”究竟是什么意思？

王劳燕和冯奋飞结婚后慢慢发现双方有很多价值观上的不一致和生活习惯上的差异，两个人准备离婚。但是，他们听说，民法典确定了一个“离婚冷静期”，这是什么意思呢？

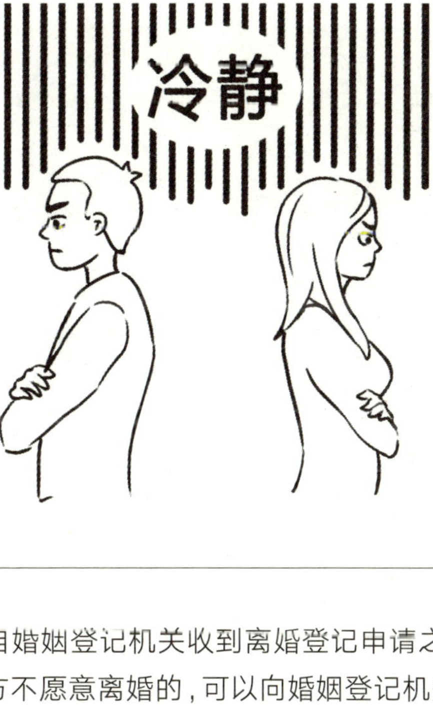

民法典规定，自婚姻登记机关收到离婚登记申请之日起 30 日内，任何一方不愿意离婚的，可以向婚姻登记机关撤回离婚登记申请。前款规定期限届满后 30 日内，双方应当亲自到婚姻登记机关申请发给离婚证；未申请的，视为撤回离婚登记申请。这就是社会热议的“离婚冷静期”，也是民法典的一个新的规定。如果王劳燕和冯奋飞想办理离婚登记，首先要申请，等 30 日后，亲自到婚姻登记机关申请离婚。

民法典第1077条

95 丈夫有家暴行为，妻子可以去法院要求离婚吗？

陈家宝一喝酒就会殴打妻子，虽然酒醒后会道歉，但总不能真正改过。妻子忍无可忍，决定马上离婚，摆脱这残破的婚姻。妻子的离婚诉讼能够得到法院的受理和准许吗？

民法典规定，人民法院审理离婚案件，应当进行调解；如果感情确已破裂，调解无效的，应当准予离婚。有下列情形之一，调解无效的，应当准予离婚：(1) 重婚或者与他人同居；(2) 实施家庭暴力或者虐待、遗弃家庭成员；(3) 有赌博、吸毒等恶习屡教不改；(4) 因感情不和分居满 2 年；(5) 其他导致夫妻感情破裂的情形。经人民法院判决不准离婚后，双方又分居满 1 年，一方再次提起离婚诉讼的，应当准予离婚。陈家宝的妻子可以直接向法院起诉离婚，因为陈家宝有家庭暴力行为，如果调解无效，法院应当判决准予离婚。

民法典第1079条第2款、第3款

96 民法典对于军婚有什么特殊的保护吗？

洪大哥在边疆当兵，一年也难回一趟家，家里里里外外都是洪大嫂一人操持。洪大哥很担心，洪大嫂这么能干，自己也没法照顾家，万一洪大嫂跟别人好了，要跟自己离婚怎么办？民法典有特殊的保护制度吗？

民法典规定，现役军人的配偶要求离婚，应当征得军人同意，但是军人一方有重大过错的除外。洪大哥是现役军人，民法典对其婚姻有特殊保护，洪大嫂若要求离婚，要征得洪大哥同意。只要洪大哥真心对待洪大嫂，相信善良能干的洪大嫂一定会与他白头到老。

民法典第1081条

97 父母离婚的，未成年子女应该由谁直接抚养？

小淘上六年级的时候，爸爸妈妈离婚了。妈妈问小淘，你愿意跟谁过？小淘决定待在爸爸身边，与爸爸一同生活。小淘能够如愿由爸爸直接抚养吗？妈妈还是小淘的妈妈吗？

民法典规定，父母与子女间的关系，不因父母离婚而消除。离婚后，子女无论由父或者母直接抚养，仍是父母双方的子女。离婚后，父母对于子女仍有抚养、教育、保护的权利和义务。离婚后，不满两周岁的子女，以由母亲直接抚养为原则。已满两周岁的子女，父母双方对抚养问题协议不成的，由人民法院根据双方的具体情况，按照最有利于未成年子女的原则判决。子女已满 8 周岁的，应当尊重其真实意愿。小淘已年满 8 周岁，对其抚养问题应尊重其意愿。虽然小淘的父母离婚了，但小淘与他们的亲子关系仍受民法典保护。

民法典第1084条

98 父母离婚之后，不直接抚养子女的一方应当承担抚养费吗？

倩倩的爸爸妈妈离婚的时候，爸爸的经济条件更好，他说，倩倩的抚养费由他承担大部分，法院判决倩倩由爸爸抚养，并承担大部分抚养费。后来，倩倩的爸爸出了车祸，工作也没了，倩倩找到妈妈，希望妈妈承担抚养费。妈妈说，法院把你判给了你爸，找你爸去！妈妈的说法正确吗？

民法典规定，离婚后，子女由一方直接抚养的，另一方应当负担部分或者全部抚养费。负担费用的多少和期限的长短，由双方协议；协议不成的，由人民法院判决。前款规定的协议或者判决，不妨碍子女在必要时向父母任何一方提出超过协议或者判决原定数额的合理要求。虽然法院判决倩倩由爸爸直接抚养，但是倩倩在必要时也有权向妈妈提出超过判决原定数额的合理要求。

民法典第1085条

99 父母离婚之后，不直接抚养子女的一方可以探望子女吗？探望时应注意什么？

阿莲的父母离婚了，阿莲由妈妈直接抚养。爸爸妈妈约定彼此还是朋友，要把他们离婚给阿莲造成的影响降到最低。每到周末，他们就一起带着阿莲出去玩儿，给阿莲一个快乐的童年。根据民法典的规定，不直接抚养子女的一方如何探望子女？

民法典规定，离婚后，不直接抚养子女的父或者母，有探望子女的权利，另一方有协助的义务。行使探望权利的方式、时间由当事人协议；协议不成的，由人民法院判决。父或者母探望子女，不利于子女身心健康的，由人民法院依法中止探望；中止的事由消失后，应当恢复探望。离婚之后，为了子女的身心健康，父母应该正确看待、行使探望权，共同守护子女健康成长。阿莲的父母为离异父母提供了一个很好的榜样。

民法典第1086条

100 夫妻一方因照顾家庭比较多，没有工作和收入，离婚后有权要求对方补偿吗？

雷宝发早年在外打拼，挣下了一份家业。妻子黄莲莲在家默默抚育子女、照顾老人。雷宝发有钱之后，看上了年轻貌美的吕梅，决心要跟黄莲莲离婚。因为公司和房子等财产都在雷宝发名下，黄莲莲是不是无法分到财产？

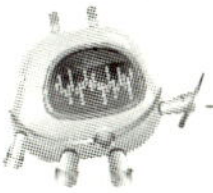

民法典规定，夫妻一方因抚育子女、照料老年人、协助另一方工作等负担较多义务的，离婚时有权向另一方请求补偿，另一方应当给予补偿。具体办法由双方协议；协议不成的，由人民法院判决。虽然黄莲莲没有与雷宝发一起经营公司，但是雷宝发取得的成功和财产，也有黄莲莲付出的辛劳，属于双方共同财产，黄莲莲为家庭付出很多，也有权要求雷宝发补偿。

民法典第1088条

101 受到家庭暴力的一方，离婚后，有权要求赔偿吗？

鲍力脾气特别差，一不高兴就拿妻子和女儿出气，拳脚相加。妻子忍无可忍，跟鲍力离了婚。失败的婚姻给妻子和女儿带来了巨大的影响，妻子决心起诉鲍力，要求他承担赔偿责任，妻子的要求合法吗？

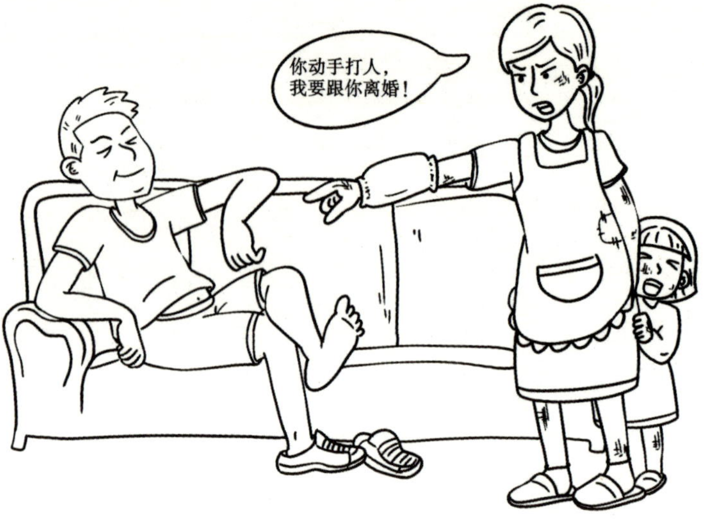

民法典规定，有下列情形之一，导致离婚的，无过错方有权请求损害赔偿：（1）重婚；（2）与他人同居；（3）实施家庭暴力；（4）虐待、遗弃家庭成员；（5）有其他重大过错。鲍力实施家庭暴力，导致离婚，妻子没有过错，有权请求损害赔偿。

民法典第1091条

102 有父母的未成年人，可以被收养吗？

冯小宝是一个非常淘气的孩子，总是惹妈妈生气。这一天，冯小宝把幼儿园小朋友的头打破了，妈妈赔了对方 2 万元钱。妈妈气坏了，对冯小宝喊，你再不听话，妈妈就不要你了，把你送给你二大爷当儿子。那么，冯小宝可以被收养吗？

民法典规定，下列未成年人，可以被收养：(1) 丧失父母的孤儿；(2) 查找不到生父母的未成年人；(3) 生父母有特殊困难无力抚养的子女。冯小宝的生父母健在，也有抚养能力，他的爸爸妈妈应该亲自抚养他，他不能被收养。

民法典第1093条

103 根据民法典的规定，哪些人能够作送养人？

东郭南和西门女结婚后一直没有孩子，他们希望能够领养一个孩子，给他温暖的家，体会家庭的温馨。他们本来想从乡下找人帮忙找个孩子，但是他们的律师朋友告诉他们，最好去儿童福利机构领养。那么，哪些个人和组织可以作送养人呢？

民法典规定，下列个人、组织可以作送养人：（1）孤儿的监护人；（2）儿童福利机构；（3）有特殊困难无力抚养子女的生父母。儿童福利机构是符合民法典规定的送养人，东郭南夫妇可以在这里领养子女。本书提醒读者，收养子女，一定要核实送养人是否符合民法典规定的条件，避免成为拐卖儿童者的帮凶。

民法典第1094条

104　已经有一名子女，还可以再收养一名子女吗？

阿福的爸爸妈妈都想收养一个小女孩，但是他们听说，只有没有子女的人才能收养子女，他们已经有阿福这个儿子了，不能再收养子女了。这种说法正确吗？

收养法规定，收养人必须无子女。但是，民法典规定，无子女的收养人可以收养两名子女；有子女的收养人只能收养一名子女。民法典于 2021 年 1 月 1 日开始实施后，收养法将同时废止。届时，只有一名子女的人就可以收养一名子女了。

民法典第1100条第1款

第六编　继承

继承制度是关于自然人死亡后财富传承的制度。
随着经济的发展，继承问题引发了越来越高的社会关注。
民法典继承编在继承法的基础上完善而成。
继承编共 4 章、45 条。

105 有些地方有财富“传男不传女”的传统，女孩有继承权吗？

付迪莫有一个弟弟，父母重男轻女，溺爱弟弟。付迪莫早早工作挣钱补贴家里，母亲生病后也一直照顾母亲。弟弟在家什么都不做，也从不照顾父母。母亲去世不久，父亲也病危了，但是父亲说家里的老房子和钱都会给弟弟，付迪莫没有继承权。那么，付迪莫有继承权吗？

民法典规定，继承权男女平等。付迪莫对父母尽到了赡养的义务，作为父母的子女，对父母的财产依法享有继承权，父亲的说法是错误的。

民法典第1126条

106 有妻子和子女的人去世之后，他的亲兄弟有继承权吗？

武达、武尔、武散、武思是四胞胎兄弟，他们的父母很早就去世了，4 个人相依为命。后来，兄弟们各自结婚生子。武思不幸在车祸中去世，他的 3 个兄弟从各地赶来吊唁，并希望继承武思的遗产。武思的 3 个兄弟有权继承财产吗？

民法典规定，遗产按照下列顺序继承：(1) 第一顺序：配偶、子女、父母；(2) 第二顺序：兄弟姐妹、祖父母、外祖父母。继承开始后，由第一顺序继承人继承，第二顺序继承人不继承；没有第一顺序继承人继承的，由第二顺序继承人继承。武思已经成家，有自己的妻子和女儿。他去世后，第一顺序继承人是妻子、女儿。而 3 个兄弟是第二顺序继承人，在有第一顺序继承人的情况下，他们三人不能继承武思的遗产。

民法典第1127条第1款、第2款

107 儿子早逝，孙子能代替父亲继承爷爷的财产吗？

朱元有 3 个儿子，分别为朱标、朱迪、朱英，长子朱标英年早逝，留下一个儿子朱文。朱元突然去世，朱文可以继承朱元的遗产吗？

民法典规定，被继承人的子女先于被继承人死亡的，由被继承人的子女的直系晚辈血亲代位继承。被继承人的兄弟姐妹先于被继承人死亡的，由被继承人的兄弟姐妹的子女代位继承。代位继承人一般只能继承被代位继承人有权继承的遗产份额。朱标去世之后，其子朱文可以代位继承朱元的遗产，但是其继承的份额一般只能是朱标原来的份额。

民法典第1128条

108 丧偶的儿子、女婿可以继承公婆、岳父母的遗产吗？

王宝宝与薛贵贵结婚之后，薛贵贵外出打工，不幸去世。王宝宝照顾薛贵贵母亲的起居生活，履行了赡养义务，薛贵贵的母亲去世了，王宝宝可以继承薛母的遗产吗？

民法典规定，丧偶儿媳对公婆，丧偶女婿对岳父母，尽了主要赡养义务的，作为第一顺序继承人。故王宝宝可以继承薛母的遗产。

民法典第1129条

109 对被继承人尽了主要扶养义务或者与被继承人共同生活的继承人，分配遗产时，可以多分吗？

邓奶奶膝下有 4 个儿子和 1 个女儿。自从邓奶奶老伴去世后，她女儿就将其接到自己家一同生活，无微不至地照料。后邓奶奶去世，生前未立遗嘱。分配遗产时，邓奶奶的女儿可以多分吗？

民法典规定，对被继承人尽了主要扶养义务或者与被继承人共同生活的继承人，分配遗产时，可以多分。故邓奶奶的女儿在分配遗产时可以多分。

民法典第1130条第3款

110 自然人生前可以通过立遗嘱的方式将财产赠与法定继承人之外的组织吗？

焦献身是一位乡村教师，他把自己一生的事业献给了乡村教育事业。最近他的身体越来越差，于是写遗嘱处理自己的“身后事”。他将自己的房子留给了儿子，将自己的现金和所有藏书赠与自己教书10年的乡村学校。他有权这么做吗？

民法典规定，自然人可以依照本法规定立遗嘱处分个人财产，并可以指定遗嘱执行人。自然人可以立遗嘱将个人财产指定由法定继承人中的一人或者数人继承。自然人可以立遗嘱将个人财产赠与国家、集体或者法定继承人以外的组织、个人。自然人可以依法设立遗嘱信托。焦献身可以立遗嘱将个人财产指定由法定继承人中的一人即儿子继承，也可以将个人财产赠与法定继承人以外的组织即乡村学校。

民法典第1133条

111 遗嘱有哪些形式？有多份遗嘱的，以哪一份为准呢？

乔老爷子一共有 6 个子女，他去世之后，每个子女各拿出一份遗嘱，主张乔老爷子把遗产留给了自己。那么，以哪一份遗嘱为准呢？

民法典规定，遗嘱可以有多种形式，包括口头遗嘱、公证遗嘱、打印遗嘱、代书遗嘱、录音录像遗嘱、自书遗嘱，这些形式都是合法的。遗嘱人可以撤回、变更自己所立的遗嘱。立遗嘱后，遗嘱人实施与遗嘱内容相反的民事法律行为的，视为对遗嘱相关内容的撤回。立有数份遗嘱，内容相抵触的，以最后的遗嘱为准。乔老爷子的 6 个子女所持遗嘱如果经鉴定都是合法的，那就应当以最后的那份遗嘱为准。

民法典第1134~1139条、第1142条

112 丈夫去世之后，妻子继承遗产并再婚的，可以带走前夫的遗产吗？

贾短短与秦可怜结婚后，一直努力工作，婚后他们购买了房子和车。但是，好景不长，贾短短心脏病突发去世。秦可怜继承了贾短短的财产。1 年后，秦可怜遇到了甄长长，两人很快结婚。贾短短的母亲非常气愤，要求秦可怜归还贾短短的财产。贾短短的母亲有权这么做吗？

民法典规定，夫妻一方死亡后另一方再婚的，有权处分所继承的财产，任何组织或者个人不得干涉。秦可怜有权决定自己的婚姻，再婚后，也有权处分自己所继承的财产，贾短短的母亲不得干涉。

民法典第1157条

113 什么是遗赠扶养协议？遗赠扶养协议有哪些内容？

老李是村里的“五保户”老人，随着年纪越来越大，老李越来越无法照顾自己，邻居老刘心地善良，总是照顾老李。老李希望能写个协议，在他去世后把他的财产赠与老刘。民法典对于这种情况是怎么规定的？

民法典规定，自然人可以与继承人以外的组织或者个人签订遗赠扶养协议。按照协议，该组织或者个人承担该自然人生养死葬的义务，享有受遗赠的权利。老李可以与老刘签订遗赠扶养协议，由老刘负责老李的生养死葬，老刘享有受老李遗赠的权利。

民法典第1158条

114 儿子放弃继承父亲遗产的，还需要承担父亲生前的债务吗？

胡莱平时游手好闲、花天酒地，有一天他喝醉酒，掉进河里淹死了。他的儿子胡寿因为看不惯胡莱的作为，拒绝继承胡莱的遗产。有一天，高利突然拿着借条找上门来，借条是胡莱签的，胡莱欠高利 10 万元，高利要求胡寿还钱。胡寿应当还钱吗？

民法典规定，继承人以所得遗产实际价值为限清偿被继承人依法应当缴纳的税款和债务。超过遗产实际价值部分，继承人自愿偿还的不在此限。继承人放弃继承的，对被继承人依法应当缴纳的税款和债务可以不负清偿责任。胡寿放弃继承胡莱的财产，所以对于胡莱承担的债务，也可以不负清偿责任。

民法典第1161条

第七编　侵权责任

侵权责任是民事主体侵害他人权益应当承担的后果。民法典侵权责任编在侵权责任法的基础上完善而成。侵权责任编共 10 章、95 条。

115 自己的权利被侵害，侵权人马上就要逃走，被侵权人可以采取措施阻拦侵权人吗？

魏飞骑车把金焕撞倒了，准备逃走，金焕爬起来赶紧拦住魏飞的车，要求赔偿。魏飞生气地说，你凭什么扣下我和我的车？你是在限制我的人身自由！金焕说，我不拦住你，你跑了怎么办？金焕可以拦住魏飞吗？

民法典规定，合法权益受到侵害，情况紧迫且不能及时获得国家机关保护，不立即采取措施将使其合法权益受到难以弥补的损害的，受害人可以在保护自己合法权益的必要范围内采取扣留侵权人的财物等合理措施；但是，应当立即请求有关国家机关处理。如果金焕不立即采取行动拦住魏飞，魏飞就会逃走，金焕将无法找到侵权人来赔偿自己的损失。所以，金焕可以拦住魏飞，这在法律上叫作“自力救济”。

民法典第1177条第1款

116 因为别人的行为受到人身伤害，可以要求对方承担哪些赔偿？

张猛飞骑电动车把吴生飞的腿撞伤了，吴生飞被送去医院急救，并住院 1 周，之后在家养伤了 1 个月。张猛飞承诺会赔偿吴生飞的所有损失。那么，需要赔偿的费用有哪些呢？

民法典规定，侵害他人造成人身损害的，应当赔偿医疗费、护理费、交通费、营养费、住院伙食补助费等为治疗和康复支出的合理费用，以及因误工减少的收入。造成残疾的，还应当赔偿辅助器具费和残疾赔偿金；造成死亡的，还应当赔偿丧葬费和死亡赔偿金。张猛飞应该赔偿的费用包括：吴生飞的医疗费、护理费、交通费、营养费、住院伙食补助费等为治疗和康复支出的合理费用，以及误工 1 个月减少的收入。

民法典第1179条

117　心爱的物品被人损坏，精神上也受到严重损害的，可以请求赔偿吗？

白雪的母亲在她很小的时候就去世了，父亲娶了一个狠毒的女人，“后妈”经常虐待她，白雪只能捧着母亲的唯一遗物默默流泪。白雪成年后，遇到了男朋友白马，白马有暴力倾向，一次争吵中，白马摔碎了白雪母亲的遗物，白雪精神崩溃，患上了严重的精神疾病。白雪可以要求白马赔偿吗？

民法典规定，侵害自然人人身权益造成严重精神损害的，被侵权人有权请求精神损害赔偿。因故意或者重大过失侵害自然人具有人身意义的特定物造成严重精神损害的，被侵权人有权请求精神损害赔偿。白雪母亲的遗物对于白雪有特殊的意义，白马故意损坏，并给白雪造成严重的精神损害，白雪有权要求白马给予精神损害赔偿。

民法典第1183条

118 无民事行为能力人造成他人损害的，由谁来承担赔偿责任？

6岁的熊海梓特别淘气，这一天他拿弹弓玩儿，突然打中了路过的牛大兵，牛大兵的头受伤了，要熊海梓的父亲熊达人赔偿，熊达人说，你怎么跟孩子一般见识啊？那么，熊海梓要承担法律责任吗？

民法典规定，无民事行为能力人、限制民事行为能力人造成他人损害的，由监护人承担侵权责任。监护人尽到监护职责的，可以减轻其侵权责任。有财产的无民事行为能力人、限制民事行为能力人造成他人损害的，从本人财产中支付赔偿费用；不足部分，由监护人赔偿。熊海梓是无民事行为能力人，他的行为造成他人损害的，由监护人即他的父亲承担责任。所以，牛大兵可以要求熊达人承担赔偿责任。

民法典第1188条

119 员工在执行工作任务时造成他人损害的，所在公司应当承担责任吗？

文质斌是某公司的工程师，到工地考察。赵大强是建筑公司的员工，不小心掉落一块砖头，把文质斌砸晕了。建筑公司经理赶到现场，让大家赶紧救人，所有费用公司先出。那么，对于文质斌受到的损害，谁应当承担责任？

民法典规定，用人单位的工作人员因执行工作任务造成他人损害的，由用人单位承担侵权责任。用人单位承担侵权责任后，可以向有故意或者重大过失的工作人员追偿。赵大强是建筑公司的员工，他在正常工作过程中造成文质斌受伤，应当由他的单位承担侵权责任。如果事后发现赵大强有故意或者重大过失的，建筑公司可以向赵大强追偿。

民法典第1191条第1款

120 参加庙会等群众性活动，受到损害的，可以要求谁承担赔偿责任？

艾热闹去参加庙会，庙会的戏台上非常热闹，突然，戏台倒塌，压到了很多人，群众一涌而出，发生踩踏，艾热闹被踩伤。对于艾热闹受到的损害，谁应当承担赔偿责任？

民法典规定，宾馆、商场、银行、车站、机场、体育场馆、娱乐场所等经营场所、公共场所的经营者、管理者或者群众性活动的组织者，未尽到安全保障义务，造成他人损害的，应当承担侵权责任。因第三人的行为造成他人损害的，由第三人承担侵权责任；经营者、管理者或者组织者未尽到安全保障义务的，承担相应的补充责任。经营者、管理者或者组织者承担补充责任后，可以向第三人追偿。庙会的组织者未尽到安全保障义务，戏台倒塌，造成人员踩踏的群众安全事件，对于艾热闹受到的损害，庙会的组织者应当承担赔偿责任。

民法典第1198条

121 无民事行为能力人在幼儿园受到老师的侵害，可以要求幼儿园承担责任吗？

冰冰是个 4 岁的小女孩，长得非常可爱。但是，幼儿园的老师很不喜欢她，经常打骂她，冰冰的身心都受到了很大的伤害。这一天，冰冰的妈妈发现了这个事情，气愤不已，找到幼儿园，要求幼儿园承担赔偿责任。

民法典规定，无民事行为能力人在幼儿园、学校或者其他教育机构学习、生活期间受到人身损害的，幼儿园、学校或者其他教育机构应当承担侵权责任；但是，能够证明尽到教育、管理职责的，不承担侵权责任。冰冰只有 4 岁，是无民事行为能力人，冰冰在幼儿园期间受到老师的人身伤害，幼儿园应当承担侵权责任。

民法典第1199条

122 消费者购买的产品存在缺陷，受到损害的，可以找谁承担责任？

老汪头听说村里有人种新品种的大米大丰收，今年决定买新种子。老汪头把种子种下，辛辛苦苦耕作，谁知道竟颗粒无收，原来是买到了“假种子”，老汪头找到卖种子的商店，商店让他找厂家。找到厂家，厂家让他找商店。老汪头到底该咋办？

民法典规定，因产品存在缺陷造成他人损害的，生产者应当承担侵权责任。因产品存在缺陷造成他人损害的，被侵权人可以向产品的生产者请求赔偿，也可以向产品的销售者请求赔偿。产品缺陷由生产者造成的，销售者赔偿后，有权向生产者追偿。因销售者的过错使产品存在缺陷的，生产者赔偿后，有权向销售者追偿。老汪头既可以找商店，也可以找厂家，他们不能“踢皮球”，而应积极赔偿老汪头的损失。

民法典第1202条、第1203条

123 机动车发生交通事故造成损害的，由谁来赔偿？

李猛奎开车莽撞，有一次开车闯红灯，把正常行走的行人撞成重伤，产生了大额医疗费。这笔费用应该由谁承担？

民法典规定，机动车发生交通事故造成损害，属于该机动车一方责任的，先由承保机动车强制保险的保险人在强制保险责任限额范围内予以赔偿；不足部分，由承保机动车商业保险的保险人按照保险合同的约定予以赔偿；仍然不足或者没有投保机动车商业保险的，由侵权人赔偿。李猛奎对行人造成的损害，先由机动车强制保险（即交强险）的保险人承担；不足的部分，由承保机动车商业保险的保险人承担；如果仍然不足或者没有投保商业保险的，只能由李猛奎个人承担。

民法典第1213条

124 搭便车遇交通事故受到损害的，该机动车使用人该如何赔偿无偿搭乘人？

小金需要去 10 公里外的老家参加婚礼。同事小丁的老家也在附近，小金便提出想搭小丁的便车；小丁欣然同意。半路上，遇路面湿滑，小丁开的车不小心打滑撞向路边大树，坐在副驾驶座上的小金受了轻伤。作为无偿的好意施惠人，小丁要对小金受伤负怎样的责任？

民法典规定，非营运机动车发生交通事故造成无偿搭乘人损害，属于该机动车一方责任的，应当减轻其赔偿责任，但是机动车使用人有故意或者重大过失的除外。故小丁对小金的赔偿责任应适当减轻。

民法典第1217条

125 因为医疗事故受到损害的，可以向医院追究责任并要求赔偿吗？

沈大壮去医院做手术，手术后 1 年了，一直感觉肚子疼，后来去医院检查，发现肚子里有一块纱布，只能再做手术把纱布取出来。沈大壮能要求医院承担赔偿责任吗？

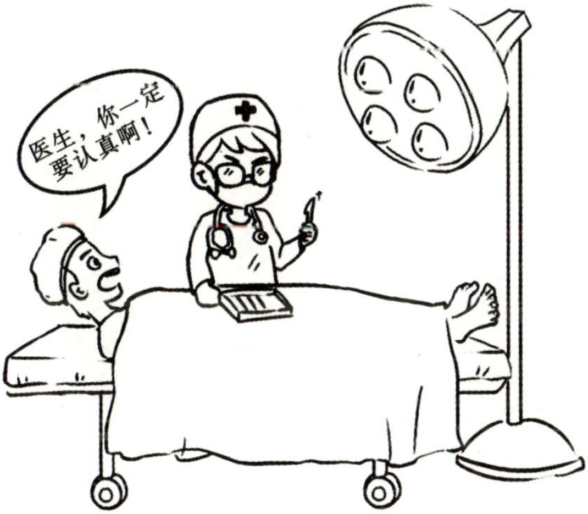

民法典规定，患者在诊疗活动中受到损害，医疗机构或者其医务人员有过错的，由医疗机构承担赔偿责任。医务人员在诊疗活动中未尽到与当时的医疗水平相应的诊疗义务，造成患者损害的，医疗机构应当承担赔偿责任。医生给患者做手术，不把纱布忘在患者肚子里是最基础的诊疗义务，因此，医生存在过错，给沈大壮造成了伤害，医院应当承担赔偿责任。

民法典第1218条、第1221条

126 因环境污染而受到损害的，受损害人应当如何维护自己的权益？

老余头承包了一片鱼塘，他是十里八乡有名的养鱼高手，今年鱼苗好，正准备大赚一笔，但是旁边开了一家造纸厂，污水排进鱼塘，鱼都死光了。老余头愁坏了，他能要求造纸厂赔偿吗？

民法典规定，因污染环境、破坏生态造成他人损害的，侵权人应当承担侵权责任。造纸厂排放污水，污染了环境，造成老余头鱼塘里的鱼死亡，给老余头带来了经济损失。老余头可以根据民法典的规定，要求造纸厂承担侵权责任。

民法典第1229条

127 未经许可进入高度危险区域，受到损害的，可以反过来要求管理人赔偿吗？

马大帅的西瓜地离高速公路很近，他想，如果在高速公路边上摆摊，就可以卖给那些开车路过的外地人，于是，他扒开了高速公路围栏，在路边卖西瓜。卖西瓜第一天，马大帅就因躲闪不及，被车撞伤，肇事车快速逃走，马大帅只能找到高速公路公司要求赔偿。高速公路公司需要赔偿吗？

民法典规定，未经许可进入高度危险活动区域或者高度危险物存放区域受到损害，管理人能够证明已经采取足够安全措施并尽到充分警示义务的，可以减轻或者不承担责任。高速公路公司已经采取了必要的措施，做了防护和警示，马大帅仍不顾危险，最后受到损害。高速公路公司可以减轻或者不承担责任。

民法典第1243条

128 饲养的宠物看管不严，造成他人受伤的，应当承担什么责任？

牛二特别喜欢养狗，他托朋友帮忙，买到一只藏獒。一天，牛二带着藏獒散步，遇到一个小姑娘，藏獒突然大叫起来，并咬伤了小姑娘。小姑娘的父母要求牛二承担赔偿责任。牛二满不在乎地说，是狗咬的，又不是我咬的，凭什么我赔钱。牛二需要承担赔偿责任吗？

民法典规定，禁止饲养的烈性犬等危险动物造成他人损害的，动物饲养人或者管理人应当承担侵权责任。牛二饲养的藏獒属于烈性犬，是高度危险的动物，牛二作为饲养人，应当看管好藏獒，避免伤人。但是，牛二没有看管好藏獒，对小姑娘造成伤害，应当承担侵权责任，对小姑娘进行赔偿。

民法典第1247条

129 被果树上掉下来的果子砸伤了，可以要求谁来赔偿呢？

老林头的宅基地紧邻二级公路，他在路边种了果树。秋天，果树结满了果子，一颗果子落下来，正好砸在一个人头上，砸得他头破血流。这个人找到老林头，要求他赔偿。老林头要承担赔偿责任吗？

民法典规定，因林木折断、倾倒或者果实坠落等造成他人损害，林木的所有人或者管理人不能证明自己没有过错的，应当承担侵权责任。老林头在路边种果树，是果树的管理人，果子落下，造成他人损害，不能证明自己没有过错，他应当承担相应的责任。

民法典第1257条

图书在版编目(CIP)数据

村民的民法典:插图版/《村民的民法典(插图版)》编写组编. --北京:法律出版社,2020
(走进民法典)
ISBN 978-7-5197-4831-9

Ⅰ.①村… Ⅱ.①村… Ⅲ.①民法-法典-中国-通俗读物 Ⅳ.①D923-49

中国版本图书馆 CIP 数据核字(2020)第 147319 号

村民的民法典(插图版)
CUNMIN DE MINFADIAN(CHATUBAN)

本书编写组 编

策划编辑 周洁 林蕊
责任编辑 周洁 林蕊
装帧设计 鲁娟

出版 法律出版社
总发行 中国法律图书有限公司
经销 新华书店
印刷 中煤(北京)印务有限公司
责任校对 杨锦华
责任印制 胡晓雅
编辑统筹 司法实务出版分社
开本 880 毫米×1230 毫米 1/32
印张 5
字数 102 千
版本 2020 年 9 月第 1 版
印次 2020 年 9 月第 1 次印刷

法律出版社/北京市丰台区莲花池西里 7 号(100073)
网址/www.lawpress.com.cn
投稿邮箱/info@lawpress.com.cn
举报维权邮箱/jbwq@lawpress.com.cn
销售热线/400-660-8393
编辑电话/010-83938103

中国法律图书有限公司/北京市丰台区莲花池西里 7 号(100073)
全国各地中法图分、子公司销售电话:
统一销售客服/400-660-8393/6393
第一法律书店/010-83938432/8433
西安分公司/029-85330678
重庆分公司/023-67453036
上海分公司/021-62071639/1636
深圳分公司/0755-83072995

书号:ISBN 978-7-5197-4831-9
定价:26.00 元
(如有缺页或倒装,中国法律图书有限公司负责退换)